李嘉诚

谈投资

深圳出版发行集团
海天出版社

柳朔言◎著

图书在版编目 (CIP) 数据

李嘉诚谈投资 / 柳朔言著. —深圳：海天出版社，2010.3

ISBN 978-7-80747-775-4

Ⅰ.李… Ⅱ.柳… Ⅲ.李嘉诚—投资—经验
Ⅳ.F832.48

中国版本图书馆CIP数据核字 (2009) 第215269号

李嘉诚谈投资

LIJIACHENG TAN TOUZI

出 品 人	陈锦涛
出版策划	毛世屏
责任编辑	张绪华
责任技编	钟愉琼

出版发行	海天出版社
地　　址	深圳市彩田南路海天大厦　（518033）
网　　址	www.htph.com.cn
订购电话	0755-83460137(批发)　83460397(邮购)
设计制作	蒙丹广告
印　　刷	深圳市希望印务有限公司
开　　本	787mm×1092mm　1/16
印　　张	15.25
字　　数	190千
版　　次	2010年3月第1版
印　　次	2010年3月第1次
定　　价	39.00元

他是华人圈里最耀眼的商业明星；

他是香港经济发展的晴雨表；

他经营着世界最大的港口，垄断着面向内地的输电线；

他从制造业到地产业、再到港口业、电信业，随后又进入零售业、互联网行业；

他白手起家的经历鼓舞着无数中国逐梦者。

他是财富和成功的象征；

他居华人首富多年，让几乎所有的华人企业家都心悦诚服；

尽管他在每一个行业都属于后来者，但他不断地超越自己和前人，最终成为每一个行业中数一数二的人物。

他就是中国商界的"超人"李嘉诚。

全球知名财经杂志《福布斯》曾如此评价道："环顾亚洲，甚至全球，只有少数企业家能够从艰困的童年，克服种种挑战而成功建立一个业务多元化及遍布全球54个国家的庞大商业王国。李嘉诚在香港素有'超人'的称号。事实上，全球各地商界翘楚均视他为拥有卓越能力、广阔企业视野和超凡成就的强人。"

中粮集团董事长宁高宁曾这样评价李嘉诚："李嘉诚几乎是香港商人中唯一把产业发展到国际的企业家，其实地产在当时已足以让他成为香港前几位的富人，可他在多年前就看到了能源、码头和电讯，而且是在全球角度看的。"

联想董事局主席柳传志亦十分推崇"李超人"。曾在许多不同的场合表达自己的崇敬之情。柳传志认为李嘉诚的独特之处在于两点：李嘉诚明显是个非常务实的人，他不会公司没做好就去忙慈善，但当他想做慈善的时候，又是很大的手笔。除了务实，他没有只局限在香港的地产业务上，也证明了他的视野超越了同辈许多企业家。

万通集团董事长冯仑在见到李嘉诚后，对其做出了这样的评价："当我见到李嘉诚以后，我要研究李嘉诚为什么成功，开始也是看看书，但是见到以后我就发现最重要的在李嘉诚身上的品质就是谦虚、谦和甚至谦恭，另外周到、细致，待人上的细节上完全地让人感动。"

李嘉诚曾表示，很害怕被人定位为一个成功的商人。他表示，自己首先是一个人，再而是一个商人。有人说，传统文化和商业文化大相径庭，水火不容。李嘉诚，却能将这两者很好地结合一体。在物欲横流的商界社会，他显示了中国人的传统美德！

无论李嘉诚是否以商人自居，他的作为却已超越了单纯的社会角色。他与其他华人资本家一起，取代英资成为香港最重要的经济活动力量。

李嘉诚手下的长实集团是香港规模最大的地产发展商之一，号称香港每12个私人住宅中，便有一个由长实开发；和记黄埔经营多元化业务，包括全球多个市场最大的货柜码头经营商、零售连锁集团、地产发展与基建业务以及电信服务。

《李嘉诚谈投资》剖析了华人首富李嘉诚的投资思想、投资理念、投资策略、投资方法及地产投资、产业投资、投资并购之道。李嘉诚如是说：

> 投资时我就是先设想，投资失败可以到什么程度？成功的多几倍都没关系，我也曾有投资赚十多倍，有的生意也做得非常好，亏本的非常少，因为我不贪心。公司是从来没亏过，个人的赚钱、财产，也是一直增加。但我并没有赚快钱的机会，因为我比较小心。
>
> 因为我不是只投资一种行业，我是分散投资的，所以无论如何都有回报。

正像日本商人觉得本国太小，需要为资金寻找新出路一样，香港的商人也有这种感觉。一句大家都明白的道理，根据投资的法则，不要把所有的鸡蛋放在一只篮子里。

我们历来只做长线投资。如果出售一部分业务可以改善我们的战略地位，我们会考虑这一步骤。

你一定要先想到失败，从前我们中国人有句做生意的老话："未买先想卖"，在你还没有买进来之前就要先想怎么卖出去。你应该先想失败会怎么样。我在做任何项目时，都会要用99%的时间去考虑失败，用1%的时间去考虑收益。

要永远相信，当所有人都冲进去的时候要赶紧出来，所有人都不玩了再冲进去。

炒股票要较为小心点，当股市暴跌时，最大损失会是普通市民，他们占的比例是最高的，在内地也是这样。

******

《李嘉诚谈投资》是目前国内少有的系统总结疏理了李嘉诚的投资哲学与投资策略的图书，是读者学习商界"李超人"投资决策智慧的最佳读本。《李嘉诚谈投资》可以作为企业家、CEO、职业经理人学习李嘉诚超一流投资哲学的读物，同时也是青年创业者、商人的励志、创业与投资训练读本。

第1章

投资不像买古董

——李嘉诚论投资理念与哲学

我们（做投资）不像买古董，没有非买不可的心理。与其到头来收拾残局，甚至做成蚀本生意，倒不如袖手旁观。

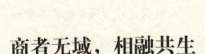

商者无域，相融共生

"商者无域，相融共生"八个字是对李嘉诚经商与投资精髓的精确概括。商者无域，指的是李嘉诚的产业涉及范围非常广泛。李嘉诚家族控制着六大上市公司，六大公司的业务，彼此的相关度颇低。它们分别是：长江实业，简称长实，主营物业发展与投资、地产代理、楼宇治理、控股；和记黄埔经营物业发展、货柜码头服务、零售业、制造业、电信和电子商务发展、控股等；长江基建主要做运输、能源、基建材料、基建工程；香港电灯是发电与电力供给；TOM.COM 有限公司，包括门户网站、互联网信息、户外媒体、印刷、内容供给、电子商贸及软件开发等；长江生命科技，从事着生物科技产品的研发、商品化、市场推广及销售。由上可见，六大公司的业务相关度较低。总括起来，李氏商业帝国有七项主要业务：港口及相关业务、电信、物业发展及控股、零售生产及其他、能源、基建、财务与投资。

著名经济学家郎咸平经过多年的跟踪研究，发现李嘉诚每隔两三年就会把下属各企业、各种业务打乱了重新编队，把重组当做家常便饭。他把七项业务的发展曲线画出来，七根曲线每一根的峰谷波动都很大，最高的达到200%，最低的 -50%。这样剧烈地上下波动，任何一家大型企业都无法承受，当增长速度突然暴涨到200%时，人员、场地、现金都不够，企业不可能正常运作，当衰退到 -50%时，企业随时会倒闭。难道规模达上千亿元的长江集团这艘航空母舰常常处在风雨飘摇之中？

在李嘉诚的商业王国中，"相融共生"是一个非常重要的经营原则。仔细研究李嘉诚旗下业务的 EBIT（Earnings Before Interest and Tax，即息税前利润）增长曲线，把它们放到一个坐标系里分析，就会发现，每一根线的波峰，都有另一根线的波谷与它相对应，也就是说，其所有的行业形成了严密的"互动、互补、互助"关系。在坐标系中取 7 条线的加权平均数，增长率就变成了 -5%～ -20%，这是个十分稳健的数字。

李嘉诚的产业"互动、互补、互助"不是盲目的，而是具有一定的规律：一是收购或从事低回报相关业务分散风险，所有业务无论是所处的产业领域还是所分布的地域都范围广阔。二是收购或从事不同回报期业务降低风险。短期回报，经济景气时获利丰厚；长期回报，好处是收入稳定。短期业务，波动大，风险很高；长期业务，资金回流慢，又有周转不灵的风险。长短互补，确保了每段时间都有足够的资金回流。三是收购或从事稳定回报业务来平衡赢利。

一位知名港商形容李嘉诚是"玩 cycle（循环）的人"，但，"别人玩 cycle 是赌博，他玩 cycle 是避险。"亦即，将处于不同景气循环阶段的产业做搭配，如此一来，就算个别公司或产业因景气循环而利润波动，但集团总体营收就不受个别产业的波动牵制。李嘉诚表示：

> 各行各业都有发展规律和周期，横向购并能让不同的业务周期，可互补不足和相得益彰。

至于李嘉诚的个人投资有没有哪个时间碰到的挑战最大？李嘉诚在接受《全球商业》采访时说道：

> 没有，因为我不是只投资一种行业，我是分散投资的，所以无论如何都有回报。

著名经济学家郎咸平分析道："李嘉诚旗下业务不是简单多元化投资。我们内地也有很多企业在做多元化，结果呢，全盘失败。那么为什么很多内地企业家做多元化投资不行，而他可以呢？因为他投资的几个行业之间，都有很强的互补性。

"什么叫互补？就是两个行业，我好你坏，你好我坏，刚好可以抵消掉。比如两个行业来讲的话，其中一个行业，它的利润是这么一个走势，有起伏，那第二个行业一定要跟第一个行业的利润走势有互补的现象。

"也就是说，当第一个行业好的时候，第二个行业最好是坏的。当第一个行业坏的时候，第二个行业最好是好的。然后好坏可以相互抵消，而使得最终现金流达到稳定，这是他的最高战略指导方针。而我们内地很多企业家就不是这个水平，他们没有做互补，他们很多都是兴致所致投资的。要好一起好，要坏一起坏，一碰到坏的时候一起倒闭。我拿李嘉诚的数据做了一个分析，我发现他透过这种行业之间的互补，风险缩小了 10 倍。"

并且无论在地域广度和多元度上，长江集团的收购和从事的业务皆趋向低核心业务相关度和全球性，尤其是进入 20 世纪 90 年代后趋势更为明显。从事或收购低相关行业和低相关地域业务背后的意义重大，有助长江集团分散业务性风险和地域性风险。

李嘉诚虽然重视收购低相关行业和低相关地域业务，但是这并不代表李嘉诚不注重跨资产间价值的挖掘。

比如他对于零售业务不遗余力地投入，并非仅仅因为看重零售业务拥有极佳的现金流，更因为，零售是一个可以与地产密切结合的业务。即使他并不追求所谓的"协同效应"（因为那不可量化），但当零售、地产、港口等业务处于一个平台上经营，以李嘉诚的团队之善于成本控制，总能够找到很多额外的盈利空间。

再比如，李嘉诚决意收购"港灯"，不仅是看重了电力资源可为长和系提供稳定的收益，看中了"香港电灯"发电厂旧址的地皮，可用以发展大型住宅物业，与和记黄埔的地产业务具有协同性。

2008 年 3 月 27 日，李嘉诚在和记黄埔财报发布会上宣布，他个人或李嘉诚基金会已向美国第二大社交网站 Facebook 投资逾 1 亿美元。这是李嘉诚首度证实投资 Facebook。李嘉诚表示，这项投资与和记黄埔业务有协同效应，日后在和记黄埔的手机网络中，可以使用 Facebook 服务。李嘉诚说道：

Facebook 取得了很好的成功，我们能够在和记黄埔的 3G 服务和 Facebook 之间获得协同作用，以便消费者能够在手机上使用 Facebook。

李嘉诚表示，唯有多元化的企业，才能成功地避开金融风暴的冲击。

做投资家而非投机家

有人说，比尔·盖茨做专业领域的纵，李嘉诚做投资规模的横。前者死认准一个产业，在一个产业做透，使股价迅速增值，而后者是看什么行业赚钱便做什么，他涉及的行业有几十个。李嘉诚是以投资家的身份，通过高明的投资手段、严密的项目论证，使其集团规模扩大。

前和黄大班马世民在会见《财富》记者时说："李嘉诚是一位最纯粹的投资家，是一位买进东西最终是要把它卖出去的投资家。"

虽是投资家，但李嘉诚决不是一位投机家。理由是李嘉诚从不做投机性操作。

李嘉诚最初开发的塑料花是市场上的空白产品，很容易卖高价。但李嘉诚认为，价格昂贵，必少有人问津。他经过成本预算，认为批量生产的塑胶花，成本并不高，只有把价格定在大众消费者可接受的适中水平，才会掀起消费热潮。卖得快，必产得多，"以销促产"比"居奇为贵"更符合商界的游戏规则。

在当时，意大利塑胶花已进入香港市场，由连卡佛百货集团公司经销。连卡佛是老牌英资洋行，走的是高档路线，卖的是名牌及奢侈品。意产塑胶花价格不菲，只有少数洋人和华人富有家庭购买。

李嘉诚走物美价廉的销售路线，大部分经销商都非常爽快地按李嘉诚的报价签订供销合约。有的为了买断权益，主动提出预付 50% 订金。

不牟取一时的暴利，不做投机性操作，使得李嘉诚掀起了香港消费新潮流，长江塑胶厂由默默无闻的小厂一下子蜚声香港塑胶业界。

在投资股市上，李嘉诚同样遵守着不做投机性操作的原则。李嘉诚初入股市，便尝到了甜头，但他清醒地意识到，股市"升水"如此神速，那么"缩水"也可能是瞬间之事。股票市场变幻万端，难以捉摸，风险远远大过其他市场。

由于股市一片利好之势，自 20 世纪 60 年代末至 70 年代初，香港各界产生了一股"要股票，不要钞票"的投资狂潮，掀起了一阵比一阵更为高涨的"上市热潮"。

于是在这个阶段出现了一个人人炒股的局面。甚至很多人将自己一生的积蓄都赌在了股市之上，梦想着依靠投机性操作来牟取暴利。不少房地产商，却放下正业不顾，将用户缴纳的楼花首期（款），将物业抵押获得银行贷款，全额投放到股市，大炒股票，以求牟取比房地产更优厚的利润。香港股市，处于空前的癫狂之中。然而，李嘉诚在这个"炒风刮得港人醉"的疯狂时期，丝毫不为依靠投机性操作所获取的暴利所动，依然在稳健地走他早已认准了的房地产业。

李嘉诚不做投机性操作，不赚快钱。李嘉诚说道：

> 投资时我就是先设想，投资失败可以到什么程度？成功的多几倍都没关系，我也曾有投资赚十多倍，有的生意也做得非常好，亏本的非常少，因为我不贪心。公司是从来没亏过，个人的赚钱、财产，也是一直增加。但我并没有赚快钱的机会，因为我比较小心。

李嘉诚认准了房地产业的前景，因此就在人们用低价卖出物业所得的钱去购买股票时，李嘉诚却统率着他的长江实业一边发行着股票，一边将发行股票筹集到的资金成批地去收购那些低价出卖的物业。

20 世纪 70 年代初，股市无论对投资者，还是对上市公司，都是个全新的课题。人们普遍表现出盲目幼稚。在这一点上，李嘉诚显出高人一筹的心理素质。

毫无疑问，李嘉诚是这次大股灾中的"幸运儿"。长实的损失，仅仅是市值随大市暴跌，而实际资产并未受损。相反，李嘉诚利用股市，取得了比预期更好的实绩。

上市之时，李嘉诚预计第一个财政年度赢利1250万港元。结果，长实的年纯利竟达到了4370万港元，为预计的3倍以上。仅仅数年时间，长江实业被传媒列入"华资地产五虎将"，成为香港地产界的一支重要力量。

可以说，不做投机性操作，是李嘉诚的投资原则之一。李嘉诚在自己不做投机性操作的同时，还公开呼吁民众不要借钱来炒股。2007年，李嘉诚表示，

> （投资人）都是要小心，如果投机性（股价）是在高位，怎样也都会有危险成分，香港、大陆股票现在升到那么高，实在有可能发生问题。

2007年，李嘉诚提出警告，若内地股市泡沫爆破，必定影响香港，并指"炒股投机绝对不能维持香港繁荣"。李嘉诚说，作为中国人，他会为目前内地股市表现感到忧虑，目前内地股市市盈率高达五十至六十倍，回顾过去历史的结果都是会撞板的。他坦言，不希望内地股市爆破，而当内地的经济有波动，一定会影响香港。

被问及对香港未来五年发展的看法时，李嘉诚称：

> 最重要问有何条件，是否炒股投机就可维持香港繁荣？绝对不会。

面对金融危机，李嘉诚旗下和记黄埔集团也因为没有参与任何投机性外汇衍生工具，没有参与任何类似Accumulator的杠杆式或结构性外汇掉期合约，而未受到次贷危机的直接影响。

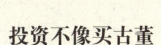

投资不像买古董

巴菲特——这个比李嘉诚小两年零一个月的人多年来一直被外界视为彼此对比的对象——给其老师本·格雷厄姆的著作《聪明的投资者》所写的序言是合适的："长年进行成功的投资并不需要极高的智商、罕见的商业洞见，或内部消息。真正必要的是做决策所需的合理的知识框架，以及避免情绪化侵蚀智识的能力。你所必须做到的，就是约束情绪。"

"投资者需谨记，头脑发热和高昂成本乃是其大敌。"巴菲特说，要想抓住持股的最好时机，请遵循此点："他人大胆时你便小心，他人小心时你便大胆。"用李嘉诚的话来说，就是，"收购不像买古董，非买不可。"

> 我们（做投资）不像买古董，没有非买不可的心理。

古董孤品，存世的仅此一件。而做生意，不论购公司、购土地，不必"非买不可"，不取此幅，以后还有他幅，目的都是发展地产赚钱。

李嘉诚的收购，从不情绪化，没有把被收购企业当做古董孤品非买不可的心理。若持这种心理，往往会付出过昂的代价。他遇到阻力，权衡利弊后，会不带遗憾地放弃，收购九龙仓、置地，他都持这种态度。

竞价进入高潮之时，投手很容易出现情绪化，容易冲动，于是便会不管死活，非得做赢家不可。因此，每次参加竞投，李嘉诚都会事先周密地研究出拍卖对象的现有价值和发展价值，定出最高价。若超过此价，李嘉诚则毫不犹豫地果断退出。

记者采访李嘉诚，问："都说您是拍卖场上'擎天一指'，志在必得，出师必胜，可您有时为何还是中途退出。"李嘉诚幽默地说：

> 那是因为超过了我心定的价。你们没看到我想举右手，就用左

手使劲捉住；想举左手，就用右手捉住。

2000 年 8 月，和记黄埔在投得德国的 3G 牌照之后五个小时，宣布退出和荷兰的 kpn 合作进行竞投的 E-Plus Hutchison。李嘉诚表示，退出是因为价格太高，不符合成本效益。

李嘉诚强调：

退出竞投和集团的财政状况没有直接关系，集团未来依然会发展欧洲的电讯业务。如果和记黄埔将来要发展在德国的电讯业务的话，不排除会租用 E-Plus 的频道。

E-Plus Hutchison 以总代价 83.94 亿欧罗（约 598 亿港元），投得德国第 3 代流动电话（简称 3G）牌照中，两段共 10 兆赫的频谱。这次德国 3G 牌照竞投历时 14 日，最后由 6 个财团，当中包括法国电讯、德国电讯等投得德国政府这次推出六个共十二条频谱公开竞投，总额达 988 亿马克，相当于 458 亿 5000 万美元，较原先估计的 93 亿美元高出五倍，由于竞投额偏高，市场忧虑投得牌照电讯商的经营前景。李嘉诚表示：

我个人对全球电信业务很有兴趣，而且时刻都在寻找新的发展机遇。然而，我们绝不能为了获得每一个 3G 营业执照而无限制地竞标。例如，在德国的执照成本过于高昂，超过了我们的预算，别无选择，只有退出。知道何时应该退出，这点非常重要，在管理任何一项业务时都必须牢记这一点。

事后证明，李嘉诚的这一判断没有错。几个月后，市场狂热逐渐平息，李嘉诚又出人意料地重新进场。他拿出了将近 90 亿美元的资金，准备争夺英国和意大利的第三代移动电话经营权。

逞一时之气，不计后果，这不是李嘉诚的作风，而是某些赌徒的作风。

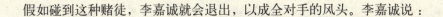

假如碰到这种赌徒，李嘉诚就会退出，以成全对手的风头。李嘉诚说：

> 与其到头来收拾残局，甚至做成蚀本生意，倒不如袖手旁观。

我们在个人的投资领域，更是要保持冷静。不仅要在熊市中保持冷静，更要在牛市中保持冷静；不仅要在失败时保持冷静，更要在胜利时保持冷静。实际上，冷静是投资者必须具备的良好素质。可以说，没有冷静的素质，就不要进入投资领域。

这里来举一个反面的例子。2003年到2004年年初，当中国名声响亮的房地产开发商在各种会议上大谈政策对地产市场的影响时，来自天津的顺驰集团悄无声息地出现在中国东北、中原、西南、长三角各地的土地拍卖会上，以极强势的姿态拍得土地近10块，面积200万平方米，总款额估算下来近70亿。顺驰圈地之"孤注一掷"在地产商中是罕见的。比如在北京大兴区黄村，顺驰出价9.05亿拿地600亩；在石家庄，顺驰出价5.97亿拿地300亩，这被业界普遍认为"严重背离了价值规律"。

一年多里，孙宏斌指挥顺驰在全国多个城市攻城略地，屡屡拿下天价"地王"，令竞拍场上的对手闻风色变。

万科董事长王石对于孙宏斌的行为表示："宏观调控绷紧了资金链，那些已经大量拿地的地产企业肯定会有资金压力，如果他现在仍然在说自己在资金上没有问题，那我想说他在吹牛。"果然，在2006年，孙宏斌做出了人生最艰难的抉择——将自己创立12年之久的顺驰（中国）55%的控股权转手香港路劲基建。

可以说，顺驰最终就是因为其天价拿地，持有一种买古董的心态，非买不可的心态，使得其资金链最终断裂，从此，中国地产界少了一匹黑马。

理性是一个商人的基本心态，能在任何时候都能保持理性，并不是一般商人都能做得到的。尤其是在拍卖会场，在这里，各个财团公司的商人们汇聚，常常为了争到某个项目而不计成本，这个时候，就很难保持理性了。其实，逞一时之气，显一时之威，到头来只能是自己打碎了牙往肚子里咽，自己酿的苦酒自己喝。与其那时来收拾残局，甚至造成亏本，倒不如从一开始就理智克制一些。

只做长线投资

国际投资大师巴菲特买入股票的目的是长线投资，"我从不试图通过股票赚钱，我购买股票是在假设他们次日关闭股市，或在五年之内不再重新开放股市的基础上"，巴菲特如此阐述他的选股原则。李嘉诚同样表示：

我们历来只做长线投资。

"以时间换利润，注重长线投资"似乎是李嘉诚"长和系"一贯的地产开发策略，而其业务亦是如此。近些年和黄在沪开发的一些项目，大多数是和黄在 1997、1998 年完成的土地储备。时值亚洲金融风暴是上海房地产最为低迷的时期，大开发商无人愿意进场，而和黄却一举在上海拿下了梅龙镇广场、四季雅苑及其毗邻的御翠园、古北项目。

独立经济学家谢国忠在接受《华人世界》杂志采访时说道："李嘉诚的长和系地产发展策略一向是'以时间换利润，注重长线投资'，大幅拿地，然后分期开发，注重的是长线投资。而这样的运作方式同样是在和记黄埔强大的资金流保证下，和记黄埔进行着良性循环的地产发展。一方面资金充足可以坐待土地和物业升值，一方面升值后的物业可以获得更高的利润，从而更加充实资金。"

李嘉诚曾这样说道：

企业好景时，我们决不过分乐观；不好景时，我们也不过度悲观。这一直是我们集团经营的原则。在衰退期间，我们总会大量投资。我们主要的衡量标准是,从长远角度看该项资产是否有赢利潜力,而不是该项资产当时是否便宜，或者是否有人对它感兴趣。

和记黄埔地产（上海）总经理兼董事佘耀庭对李嘉诚的投资理念做出了说明：“和黄本身投资的项目，没有一个行为就是故意把一个项目的时间拖长。关键在于，有时候，我们会看这个市场的今年跟明年，它本身来说会不会在收支方面有差异。如果这个市场是往上，是看好的，变成我们这个项目的推出时间，可能会晚一点。所以，市场里面可能有个误会，觉得和黄买地不盖房。这个我看我们每个项目也是在全力跟进，全力把速度加快。”

不与业务谈恋爱

赚钱自然好说，但风险来时，和记黄埔怎么处理呢？李嘉诚采用的还是韦尔奇的投资策略——“卖”。和记黄埔的资金流由总部统一管理，如果当年的经常性利润较低或者现金流紧张，和记黄埔往往会用出售旗下部分投资项目或资产的方法来解决。比如在零售业受到亚洲金融危机巨大冲击的背景下，和记黄埔首先出售了宝洁和记有限公司的部分权益。

> 如果出售一部分业务可以改善我们的战略地位，我们会考虑这一步骤。除了考虑获取合理的利润以外，更重要的是在取得利润之后，能否在相同的经营领域中让我们的投资更上层楼。

1990年后，李嘉诚开始在英国发展电讯业，组建了Orange电讯公司，并在英国上市，总投资84亿港元。到2000年4月，他把持有的Orange四成多股份出售给德国电讯集团，作价1130亿港元，创下香港有史以来获利最高的交易纪录。之所以要出售Orange，李嘉诚说道：

> 电讯业的竞争激烈，当时如果不出售Orange，又不收购扩充的

话，便很难在行业内竞争。我不怕竞争，但我怕负债过高。Orange 的管理层是想继续扩充的，但我觉得负债太多对公司不利，加上当时每一个打来提出收购的电话所建议的价格已经很高，所以权衡二者，我认为出售 Orange 可以实时为集团赚一笔大钱，发展其他项目。

******

1999 年我决定把 Orange 出售，卖出前两个月，管理层建议我不要卖，甚至去收购另一家公司。我给他们列了四个条件，如果他们办得到，便按他们的方法去做：一、收购对象必须有足够流动现金；二、完成收购后，负债比率不能增高；三、Orange 发行新股去进行收购之后，和记黄埔仍然要保持 35% 的股权，我跟他们说，35% 股权不但保护和记黄埔利益，更重要的是保护 Orange 全体股东的利益；四、对收购的公司有绝对控制权。他们听完很高兴，而且也同意这四点原则，认为守在这四点范围内，他们就可以去进行收购。结果他们办不到，这个提议当然就无法实行。我建立四个坐标给 Orange 管理人员，让他们清楚知道这个坐标，这是公司的原则。

再比如，在金融危机来临前夕，2008 年 5 月，和记黄埔与美国投资基金"亚太置地"旗下公司签订协议，以 44.38 亿元人民币出售位于上海长乐路的"世纪商贸广场"写字楼物业。这则消息传出后，"李嘉诚看淡内地市场，大举抛售"的新闻开始传出。2009 年初，和记黄埔再度抛售上海几栋商业楼盘，"抛售"的行为被媒体放大。李嘉诚则表示：

我们历来只做长线投资。如果出售一部分业务可以改善我们的战略地位，我们会考虑这一步骤。

退出机制要畅通

李嘉诚是这些年来转身为投资家的著名企业家史玉柱的投资榜样。史玉柱曾说过："李嘉诚曾说过，投资首先是要看退出机制通畅不通畅，其次才是看收益高不高。"

> 做生意似划艇，我一定会想：有没有足够气力由 A 到 B？又想：有气力划回来吗？

******

可以这样说，就像是军队的"统帅"必须考虑退路。例如一个小国的统帅，本身拥有两万精兵，当计划攻占其他城池时，他必须多准备两倍的精兵，就是六万，因战争激活后，可能会出现很多意料不到的变化；一旦战败退守，国家也有超过正常时期一倍以上的兵力防御外敌。

任何事业均要考量自己的能力才能平衡风险，一帆风顺是不可能的，过去我在经营事业上曾遇到不少政治、经济方面的起伏。我常常记着世上并无常胜将军，所以在风平浪静之时，好好计划未来，仔细研究可能出现的意外及解决办法。

不管你在一笔投资中投入了多少时间、心血、精力和金钱，如果你没有事先确定的退出策略，一切都可能化为乌有。退出策略因人而异，与一个投资者的方法和系统有关。但每一个成功投资者都有一种与他的系统相吻合的退出策略。

投资大师沃伦·巴菲特和乔治·索罗斯的退出策略来源于他们的投资标准。巴菲特不断用他投资时所使用的标准来衡量他已经入股的企业的质量。尽管他最推崇的持有期是"永远"，但如果他发现所投资的企业已不符合当初自己所投入的条件时，他就会毫不犹豫地退出。巴菲特不断用他投资时所使用的标准来衡量他已经入股的企业的质量。

李嘉诚表示：

> 作为一个庞大企业集团的领导人，你一定要在企业内部打下一个坚实的基础。未攻之前一定先要守，每一个政策的实施之前都必须做到这一点。当我着手进攻的时候，我要 make sure（确信）有超过100％的能力。换句话说，即是本来有100的力量足以成事，但我要储足200的力量才去攻，而不是随便去赌一赌。
>
> 这个道理就像游泳一样简单。我的泳术很普通，扒艇也很普通。如果我要到达对岸，我要 make sure（确信）我的能力不是仅可扒到对岸，而要肯定有能力扒回来。等于我游泳去对面沙滩，我不会想着游到对面沙滩休息，我要预备自己游到对面沙滩，立即再游回来也有余力，我才开始游过去。在事先，我会常常训练自己，例如记录钟点和里数，充分了解自己才去做。

李嘉诚的稳健作风也体现在其日常的工作和生活当中。1950年，在其塑料花工厂成立时，为了节省微薄的租金，李嘉诚选择了一个货仓做工厂。不久之后，因香港连降暴雨，刚刚添置的塑胶机器被逐一泡坏，结果开业后不到两个月就需另觅厂房经营。李嘉诚并未以"运气不好"为由怨天尤人，而是开始思考，未来每做一件事，需将其种种环节考虑周全，并给自己留出余地。

日后，当他有钱买下一艘游艇，已经被训练得极为谨慎的李嘉诚定制了两个引擎、两个发电机，以备不时之需。甚至，"如果两个都坏掉，我船上还有一个有马达的救生艇。"

反周期投资策略

经济周期孕育机会经济增长的周期性，致使很多企业的股票和商品的价格波动也具有周期性。基于这一规律，投资者完全可以在经济周期处于萧条底部时买入合适的企业股票和商品，在经济繁荣时卖出。

战国时人白圭，被奉为中国"商祖"。他总结了一套经商致富的原则，即"治生之术"。其基本原则是"乐观时变"，依据对年岁丰歉的预测，实行"人弃我取，人取我予"的反周期投资策略。这与巴菲特的"别人贪婪时要感到恐惧，别人恐惧时要变得贪婪"的投资秘诀基本一致，都是逆向操作，不与人趋。这些都反映了通过经济周期发现投资价值机会而获利的方法。

巴菲特在2007年中国之行中明确表示："我通常是在人们对股市失去信心时购买"，"我建议要谨慎，任何时候，任何东西，有巨幅上涨的时候，人们就会被表象所迷惑，我不知道中国股市的明后年是不是还会涨，但我知道价格越高越要加倍小心，不能掉以轻心，要更谨慎。"

如此看来，巴菲特是勇敢的"反周期投资者"。但准确地说，他遵循的是"选择性反周期投资策略"，而非传统的反周期投资策略。巴菲特说道："逆反行为和从众行为一样愚蠢。我们需要的是思考，而不是投票表决。"

李嘉诚同样遵循着这样的游戏规则，他习惯在市场处于低潮时做重大的投资。他告诫人们说，投资要看资产是否具备长远盈利能力，而不仅仅看价钱是否便宜。

任何一个产业，都有它自己的高潮与低谷。在低谷的时候，相当大的一部分企业都会选择放弃，有的是由于目光的短浅而放弃，还有的是由于各种各样的原因而不得不放弃。这个时候就应该静下心来认真地分析一下，是不是这个产业已经到了穷途末路，是不是还会有高潮来临的那一天。

1965年2月，香港发生金融危机，银行信用一泻千里，人人自危，为自保，很多投资者疯狂抛售房产，香港房产也一落千丈，房产公司纷纷破产。

《李嘉诚如是说》一书做了这样的记录："1966 年，持续低迷的香港房地产业出现一丝恢复的曙光，地价房价开始回升。银行经过一段时间的休养生息，逐步恢复了资助房地产业的能力。此时，所有郁闷已久的香港房地产商都开始挽起衣袖，准备大干一场。很不幸的是，正当这个时候，中国内地的'文化大革命'开始波及香港，并触发了香港的'五月革命'。一时间整个香港的人们终日惶惶不安，又一次大规模的移民潮自然而然地爆发。

"移民的人以富人为多，他们在走之前都将自己手中的产业低价抛售，一幢独立花园洋房以 60 万元港币的超低价格贱卖的事情时有发生，而新建成的楼宇却根本无人问津。"

李嘉诚认为，祖国内地不可能长期地动乱，困难是暂时的。许多港人"弃船他去"，正是"人弃我取"发展事业的大好机会。大多数香港市民需要香港的经济发展和社会的安定，而中国政府也在努力维护香港社会的安定与繁荣。世界各国经济的发展也需要香港。香港自有它特有的地理位置和优良的投资、经营环境。并且李嘉诚经由那种从内地群众组织通过多种渠道流传到香港的小报，获取了重要的信息：内地春夏两季的武斗高潮自 8 月起就已经得到有效控制。那么，从这点看来，香港的"五月革命"也应该不会持续太长时间了。于是，在认定发展方向后，他集中了主要资金和主要力量，趁香港地产低潮时期，大量购入地皮、旧房。

不出所料，还不到三年，香港经济回暖，房地产又欣欣向荣，李嘉诚低价收购的房产身价倍增，李嘉诚高价抛出，获得不菲回报，并趁机购买有发展潜力的楼宇和地皮，在香港房地产占有一席之地。

香港房地产只是李嘉诚反周期策略中的小试牛刀。在以后的经商生涯中，大抄底越来越成为李嘉诚屡试不爽的做强做大法宝：1973 年，受中东战争和石油危机影响，石油价格一路飙升，全球经济走下坡路，香港经济受到波及，楼市低迷。李嘉诚趁机再次大量收购优质资产。

20 世纪 70 年代后期内地"文革"停止，实施改革开放，英资怡和在香港的信心出现动摇，李嘉诚趁机与其直接竞争并一举收购和记黄埔。

1979 年，李嘉诚入主和记黄埔时，和记黄埔旗下的港口业务只是一块收入有限而且勉强盈亏平衡的生意。但李嘉诚相信集装箱为主角的全球贸易将成为一个重大趋势，因此，在 1982 年中英谈判时，即使香港商界民心不稳，李嘉诚仍根据对于局势的判断和对资金的把握，果断投资于香港第 6 号货柜码头，只用 2 亿港元就获得了 4 个泊位。数年后他再竞标面积与 6 号相若的 7 号码头时，价位已经高到了 40 亿港元。

1997 年，香港回归前，香港局势动荡，英资纷纷撤出香港，很多港商逃离香港，生怕香港回归后有什么变数。英资、港资仓皇出逃时，李嘉诚稳坐钓鱼台，坚信回归后的香港会更好，低价接手了外商、港商仓促抛出的资产，再次赚得盆满钵盈。亚洲金融危机爆发，李嘉诚在股市与房市长袖善舞，把抄底之道诠释得淋漓尽致。

1999 年，亚洲金融风暴让众多香港商人折戟沙场，但对李嘉诚而言，这一年却是风调雨顺、商机勃发。这一年 10 月间，海外媒体率先透露了一个消息：德国工业界巨头 Mannesmann（曼内斯曼）正在洽购和黄旗下电讯公司 Orange。10 月 21 日，李嘉诚宣布：和黄同意 Mannesmann 有条件收购其所持有的 44.8% 的 Orange 股份，涉资 146 亿美元，即 1130 亿港元，以现金、票据及 Mannesmann 的股票支付。3 个星期，李嘉诚个人的身价暴涨 150 亿港元，每天增加 5.5 亿多港元，港人哗然。到现在为止，Orange 依旧是李嘉诚最为成功的投资经典之一。

全球金融使人们对世界经济越来越缺乏信心，而李嘉诚则将这种情况视为"投资的好时机"，大胆地进行投资。2008 年 10 月 24 日，李嘉诚收购了香港东亚银行的部分股份。李嘉诚向来表示"人退我进，人取我弃"。在李嘉诚购买股份的消息传出后，东亚银行的客户也迅速恢复稳定。

2008 年李嘉诚旗下公司先后抛售了多项所持的上海物业，被认为是看空上海楼市。当市场普遍认为李嘉诚看淡内地楼市的时候，他却出人意料地杀了个回马枪，意味深长。在拿下地块两年后，李嘉诚在内地最大的商业地产项目——普陀真如城市副中心项目于 2009 年 4 月 24 日正式开工。低潮期投入、复苏期收获，典型的反周期运作。也只有这些超级巨头才有实力、有可能在这个时候花费如此巨资来投资上海房地产。

　　李嘉诚带领"长和系"在历次危机中不断壮大，其个人财富也更上一层楼，在 1999 年亚洲金融危机结束之后，他首次坐上了香港首富的交椅。

　　"人退我进，人弃我取"的反周期投资策略，这是李嘉诚在本土被誉为"超人"的诀窍之一，这一诀窍也被认为带着浓重的投机色彩。在李嘉诚传奇色彩的一生中，他深谙"低谷过后是高峰"的道理，在低潮期以低价入市，到高峰期再以高价脱手也就成为李嘉诚创造"长和系神话"、积累财富屡战屡胜的招数。

第2章

进取中不忘稳健

——李嘉诚论投资策略与手法

因为我不是只投资一种行业，我是分散投资的，所以无论如何都有回报。

不把鸡蛋放在一个篮子里

清代被称为"红顶商人"的胡雪岩有一句至理名言："做生意顶要紧的是眼光，你的眼光看得到一个省，就能做一个省的生意；看得到天下，就能做天下生意；看得到外国，就能做外国生意。"

日本在经历了战后恢复和艰苦创业后，整个经济在20世纪50年代后进入了高速增长期，国内需求日益高涨，一些门本企业只把眼光放在日本国内市场，满足于眼前的利益。战后刚刚从早稻田大学毕业的井深大与东京工业大学毕业的盛田昭夫创办了日本索尼公司（SONY），尽管当时公司发展的历史并不长，实力不强，规模也不大，但盛田昭夫的眼光非常远大。他把发展的目光投向了国际市场，代表着战后日本新一代商人的气魄。

20世纪60年代初，已近不惑之年的盛田昭大意识到日本商人应该走向世界。他在《日本制造》一书中回忆道："当时，我越来越强烈地感觉到，随着事业的日益发展，如果不能将海外市场纳入自己的视野，那将无法造就一个井深先生与我曾憧憬过的公司。"

同样，李嘉诚认识到，面临经济全球化的挑战，只有通过跨国投资迅速扩张自己的经济势力，才能加入到世界经济的大家庭中去。舞台大了，机会就会更多。通过跨国投资，不但可使自己的企业王国遥相呼应，互相支援以争取利益，而且在困难的时候，也可以利用"东方不亮西方亮"的规律避开风险。正如李嘉诚所说：

根据投资的法则，不要把所有的鸡蛋放在一个篮子里。

1979 年,"长江"购入老牌英资商行——"和记黄埔",李嘉诚因而成为首位收购英资商行的华人。在收购了香港一些企业特别是英资企业之后,李嘉诚开始了大规模的跨国投资。李嘉诚正是在 20 世纪 80 年代中期,大举进军海外的。

走出国门,向外发展,也是出于李嘉诚的一些担忧:

> 我们有阴影,就是怕人家说我们两个葵涌货柜码头发展得太大。虽然政府当时没有明言说你做得太大,但你感觉得到,那么,你就要为股东争取最好的回报和出路,你就只好向外面发展。

1987 年 5 月美国《财富》杂志写道:"在太平洋上空的一班飞机上,坐在阁下旁边那位风尘仆仆的华人绅士可能正赶赴纽约或伦敦收购你的公司。由香港到雅加达,这些精明的华籍企业家近年赚得盆满钵满,东南亚已再不能容纳这些并非池中之物了。在有家族联系的中国,他们已成为最大的海外投资者。时至今日,这些名列世界首富榜的亿万富豪为了分散风险而投资在西方国家。

"58 岁的李嘉诚先生是最具野心的收购者。在上世纪 50 年代初期,他以制造塑胶花开始他的事业。现今,他准备了 20 亿美元(约折港元 120 亿)收购他认为是超值的西方公司。"

全球化是 20 世纪八九十年代世界经济的大趋势,李嘉诚抓住机遇,搭上世界潮流的顺风车。跨国投资,李嘉诚的首选目标是加拿大。同时,加拿大也因为李嘉诚的到来而感到庆幸。这是因为,20 世纪 80 年代中后期,加拿大经济面临挑战。然而,此时,仅华人首富李嘉诚,仅他一人,就为经济面临衰退的加国,带来 100 多亿港元巨资。香港众多华商,唯李嘉诚马首是瞻,他的好友、同样是世界级华人富豪郑裕彤、李兆基等,竞相进军加拿大。

1988 年,李嘉诚、李兆基、郑裕彤以及加拿大帝国商业银行旗下的太平协和世博发展公司(李嘉诚占该公司 10%股权),以 32 亿港元投得"1986

年温哥华世界博览会"会址的一黄金地段地皮，斥资百亿港元，兴建规模庞大的商住住宅群。李嘉诚约占 50%股权，其余 50%为各大股东分有。

李嘉诚亦看准中东石油危机这个机会，购并加拿大赫斯基石油公司95%的股权，为进行跨国投资建立了一个巩固的根据地。

其实，有关赫斯基，李嘉诚还有许多心结。李嘉诚曾收到一封有中国的学者、讲师、副教授、教授联合签名写的信，信上说：我们第一批中国人来，是建设从加西到加东的铁路，很多人都死了。虽然我们现在的知识水平提高了，我们有职业，有很多的专业人士，可是我们的专业人士一升到工程师，就没有办法再升上去做行政管理者。今天，也有了中国人做大老板，下面有超过 1000 名的外国人是助理员工，我们感到扬眉吐气。谈及于此，李嘉诚说：

> 这些海外华人对我说的话我都记在心里，其后那家石油公司业务发展理想，国际投资者也希望向我们收购，但当我回头一想以上种种情形，我便舍不得卖掉它。

经多年努力，赫斯基公司不但转亏为盈，在 1998 年更成为和记黄埔七项业务中三个有溢利增长的业务的其中之一。

1986 年，加拿大温哥华举办世博会之后，各国参展的临时展厅不是被拆卸，就是被废弃一边。世博会的旧址是一块靠海的长形地带，有着较好的发展前景，而且这块地皮属于省政府所有，因而能够以较优惠的价格购得。

李云纬在其著作《李嘉诚：最有价值的商道》中这样记述了李嘉诚收购加拿大世博会这项重大投资的过程："李嘉诚的大公子李泽钜，长期生活在温哥华，以他土木专业的眼光看好这块地皮，他认为这块地皮最适合于发展综合性商业住宅区。于是，他积极向父亲建议买下这块地皮加以开发。他经过仔细分析，向父亲提出了以下一些理由：

"一、世博会旧址附近都已开发，社区设施，交通等已有良好基础。

"二、温哥华城市环境，和一般大都市不同，并无高架公路，市容美观。

"三、旧址位于市区边缘，有市郊的便利而无市区的弊端，无论往返市区和郊区，同样便利。

"四、位置临海，景色宜人，海滨住宅当然矜贵。

"五、香港移民源源不断开赴枫叶国（加拿大），对饱受市区嘈杂拥挤之苦而又嫌郊区偏远冷寂的港人来说，这样的海滨住宅有相当的吸引力。

"李嘉诚同意了儿子的想法，认为最后一点最具商业眼光。

"应该说，李泽钜的建议像一个'狂想'。因为世博会旧址的整块地皮，大致相当于香港岛的整个湾仔区，外加铜锣湾。迄今为止，香港还没有哪个地产商能在这么开阔的地段发展如此浩大的综合物产。如果开发成功，这在加拿大建筑史上，也将是开天辟地头一遭。"

由于投资额达到170亿港元，投资过于庞大，非长实集团所能承担，李家便拉拢其同业好友李兆基、郑裕彤加盟，与加拿大帝国商业银行旗下的太平协和公司（李嘉诚占10%股权）共同开发。决策为各大股东（李嘉诚个人及集团占50%股权，另50%为股东分占），具体操作为李泽钜。这一项目为经济面临衰退的加拿大带来了100多亿港元巨资，一时间，李嘉诚成了加拿大的投资英雄。

继赫斯基与世博会两项重大投资外，李嘉诚在加国再没有推出轰动北美的大型项目。

李嘉诚以加拿大为根据地，从此搭上世界潮流的顺风车，为其全球化发展、创立国际化特大企业打下了坚实的基础。同时，和记黄埔发展海外港口业务，由英国开始推展至欧洲德国和美洲。到1987年，李嘉诚相继收购了英国克拉夫石油公司35.6%的股份。

根据《李嘉诚全传》一书记载：

1989年，李嘉诚、马世民成功地收购了英国Quadrant集团的蜂窝式移动电话业务，使其成为和记黄埔通讯拓展欧美市场的据点。

李嘉诚在美国最有"着数"（合算）的一笔交易，使他与北美地产大王李察明建立友谊。李察明陷入财务危机，急需一位"叠水"（粤语水即钱，意为很富有）的大亨为他解危，并结为长期合作伙伴。为表诚意，李察明将纽约曼哈顿一座大厦的49%的股权，以4亿多港元的"缩水"价，拱手让给李嘉诚。

在新加坡方面,万邦航运主席曹文锦,邀请香港巨富李嘉诚、邵逸夫、李兆基、周文轩等赴星洲发展地产,成立新达城市公司,李嘉诚占 10% 股权。

1992 年 3 月,李嘉诚、郭鹤年通过香港八佰伴超市集团主席和田一夫,携 60 亿港元巨资,赴日本札幌发展地产。李嘉诚的举动引起亚洲经济巨龙——日本商界的不小震动。李嘉诚回答记者提问时说:

> 正像日本商人觉得本国太小,需要为资金寻找新出路一样,香港的商人也有这种感觉。一句大家都明白的道理,根据投资的法则,不要把所有的鸡蛋放在一只篮子里。

如今,李嘉诚的海外业务范围包括能源、地产、电讯、零售和货柜码头等,投资地区以香港为基地延伸到中国内地、北美、欧洲及亚太其他地区。

著名经济学家郎咸平对于李嘉诚的国际化战略做出了分析,"长和系积极地走国际化道路,除了顺应业务规模扩张的需要,更主要的是通过业务全球化来分散其投资风险。不同的市场受经济周期影响会不同,行业竞争程度也不同,市场发展阶段也会有先有后,长和系就利用这种地域上的差异来增加其投资的灵活性并降低所承受的风险,确保整体回报始终都令人满意。

"经过不断发展壮大,李嘉诚旗下的'长实'集团及其附属公司,现已发展成为在香港以至世界具有领导地位的地产、国际集装箱货柜码头业和投资发展的举足轻重的集团公司。市值已超过 2700 亿港元。业务经营范围包括地产发展、金融、贸易、货柜码头、运输业、能源、电力、通讯、卫星广播、酒店业、零售业等。李嘉诚及其'长实'财团的事业走向世界,在亚洲、非洲、澳洲、欧洲和美洲,均有可观的事业发展。"

2009 年,李嘉诚表示,集团在 54 个国家有超过 23.8 万名员工。

李嘉诚在国外的投资增加了,但并不意味着他会放弃在香港投资。他说:

> 就个人来说,我对香港只有爱心。我指有爱心的原因是,外国

做得那么好，我依然想在香港做，但有些人乱说什么"李家天下"，这是绝对错误的。我会继续在港投资。事实上，一定以香港为主，有机会一定会先在香港投资。

进取中不忘稳健

要在无时不有、无处不在的商场竞争中立于不败之地，稳健和进取相结合、谨慎和大胆开拓相联结是一个非常重要的原则。要做到谨慎并不困难，要大胆开拓也不是一件困难的事情。成功的商人与其他人相比较，棋高一招的是他们能将稳健谨慎和大胆开拓结合起来。该进则进、该退则退，就是李嘉诚在商界能够时时把握住机会不断获得成功的原因。

讲求"稳健中求发展"的李嘉诚，在周末时热爱驾船出海，虽然他玩笑说，自己"不会去太远的地方"。但从商业角度，李嘉诚看似是一个探索未知海域的冒险者：他打破了华人地域性经营的传统生意局限，但是在他每每进入一些高门槛行业，比如油砂精炼，或 3G 电信业务。

在进入一个行业之前，李嘉诚都会做足了准备。李嘉诚说道：

> 做投资关键在于要做足准备工夫、量力而为、平衡风险。我常说"审慎"也是一门艺术，是能够把握适当的时间做出迅速的决定，但是这不是议而不决、停滞不前的借口。

> 经营一间较大的企业，一定要意识到很多民生条件都与其业务息息相关，因此审慎经营的态度非常重要，比如说当有个收购案，所需的全部现金要预先准备。

> 我是比较小心，曾经经历过贫穷，怎么样会去冒险？你看到很多人一时春风得意，一下子就变为穷光蛋，我绝对不会这样做事，都是步步为营。

> 有一句话，我牢牢记住："穷人易过，穷生意难过"，你再穷，

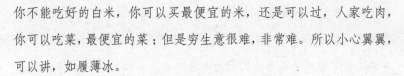

你不能吃好的白米，你可以买最便宜的米，还是可以过，人家吃肉，你可以吃菜，最便宜的菜；但是穷生意很难，非常难。所以小心翼翼，可以讲，如履薄冰。

******

我本身是一个很进取的人，从我从事行业之多便可看得到。不过，我着重的是在进取中不忘稳健，原因是有不少人把积蓄投资于我们公司，我们要对他们负责，故在策略上讲求稳健，但并非不进取，相反在进攻时我们要考虑风险及公司的承担。

李嘉诚初入地产业时，香港地产业还不冷不热。当时，卖楼花大行其道。李嘉诚却"逆"此"主流"而动——谨慎入市、稳健发展：不卖楼花、不向银行抵押贷款、物业只租不售。当挤兑风潮临来，靠银行输血的地产业一落千丈。地价、房价暴跌，地产商、建筑商纷纷破产。银行界亦是一片凄风惨雨，多家银行轰然倒闭，就连实力雄厚的恒生银行，也不得不靠出卖股权给汇丰银行，才侥幸逃过破产厄运。但李嘉诚损失甚微。

2000年，在已经拿到德国3G牌照的情况下，李嘉诚突然宣布放弃。他的理由是要保持公司业务稳健发展。他强调：

在开拓业务方面，我要求收入与支出平衡，甚至要有盈利，我讲求的是于稳健与进取中取得平衡。船要行得快，但面对风浪一定要挨得住。

******

我的主张从来都是稳中求进。我们事先都会制定出预算，然后在适当的时候以合适的价格投资。

由此可见，李嘉诚尤为推崇稳中取胜的投资策略。

李嘉诚在接受《中国商人》采访时说：

"发展中不忘稳健，稳健中不忘发展"这是我一生中最信奉的生意经。直到现在，所有的下属集团单位都采用的是一种保守的会计方式，非常重视集团总体的现金流向，自上个世纪 50 年代以来几乎一直在沿用没有债务的"无债稳健经营"方式，这种方式已达半个世纪之久。

李嘉诚投资债券，一来债券与股票相比，风险不知要小多少倍，但是持有人只享受比定期存款高的利息，而不能分享公司的利润。但这样更符合他"稳健中求发展，发展中不忘稳健"的方针。同时，两条腿走路，游刃余地更大。因此，1990 年，李嘉诚购买了约 5 亿港元的合和债券。另又购买了爱美高、熊谷组、加信等 13 家公司的可兑换债券计 25 亿港元。

李嘉诚投资债券，既符合他一贯的"稳健中寻求发展，发展中不忘稳健"的发展方针，同时也符合分散风险的投资原理，属于两条腿走路，游刃余地更大。

可以说，稳健已经融入李嘉诚的性格，他曾说过：

作为一个庞大企业集团的领导人，你一定要在企业内部打下坚实的基础，未攻之前一定要守，每一个策略实施之前，都必须做到这一点。当我着手进攻的时候，我要确定有超过百分之一百的能力。换句话说，即是我本来有一百的力量便足以成事，但我要储足二百的力量才去攻，而不是随便赌一赌。

李嘉诚实力大增之时，仍未抛弃"稳健发展"：

聪明而谨慎的商人既然知道是山雨欲来风满楼，那么在经济过热、炒风过劲时，就应该认真研究整个市场趋势，要居安思危，该出货时，要毫不犹豫地出货。

"不为最先"：避开高风险

李嘉诚的投资思维模式还讲究"不为最先"，最新的最热的时候先不进入，等待一段时间后，市场气候往往更为明朗，消费者更容易接受，自己的判定决策也会比较准确，这时候采用收购的办法介入，成本最低。

著名经济学家郎咸平这样分析道：

"'不为最先'也是一种降低风险的方法。一方面，通过对前人的观察，掌握事物变化的规律，能比较准确地判断决策的结果。另一方面，等待一段时间后，市场气候往往更为明朗化。而且如果是想推出一个新产品，等待一段时间后，消费者则更容易接受。虽然这样做放弃了最先抢占市场的机会，但是因为能降低许多风险，有时是很值得的。'不为最先'也可以通过收购已从事某项业务的公司来达到，这样还可以避免早期的巨大投资。

"'长江实业'的'不为最先'策略虽然避开了起初的高风险，但若把握不好时间的话就很容易进入高风险区或承担其后众多投资者加入竞争的后果。因此，'不为最先'的策略对投资时间的选择也是一门较难把握的艺术。'长江实业'历史上的各项投资，'不为最先'运用得很多。"

一贯行事稳健的李嘉诚，素来不喜欢抢饮"头锅汤"。假如过一条冰河，李嘉诚绝不会率先走过去，他要亲眼看到体重超过他的人安然无恙走过，他才会放心跟着走。虽然把"摸石头过河"的任务交给别人，自己有可能迟人一步，迟人一步当然也可能丧失先机。但是迟人一步可以将形势看得更清，少走弯路，鼓足后劲，可以更快地迎头赶上。纵观李嘉诚平生的商业活动，可以看出，李嘉诚一贯以稳健为重。

李嘉诚在投资内地问题上，显得十分保守，甚至明显落伍，与他在海外的投资不成比例。十一届三中全会召开后，中国政府积极推行对外开放政策，不少香港大财团开始参与投资内地的基本建设。1979年，霍英东、包玉刚都在内地进行了大手笔的房地产投资。从1983年起，马来西亚首富郭鹤年也进行了大型物业投资。而胡应湘也进行了数项大型工程。

然而，李嘉诚在 1992 年前，只在中国内地大笔捐赠公益事业，而基本上没有投资。李嘉诚表示：

我们一直在部署，到 1992 年，内地的投资条件才算成熟。

在李嘉诚看来，那个时候内地的投资条件还不是很成熟。在内地，关于改革开放出现的一些新事物，关于是进行市场经济还是计划经济的大讨论持续了 10 余年之久，仍在激烈地进行着。到内地投资，还有不少框框和禁区。因此，李嘉诚决定等待时机成熟之后再去投资。

1992 年春，88 岁高龄的邓小平足迹遍及武昌、深圳、珠海、上海等地，反复强调中国的改革就是要搞市场经济，基本路线要管一百年。他说，改革开放迈不开步子，不敢闯，说到底就是怕资本主义的东西多了，走了资本主义道路。要害是姓"资"还是姓"社"的问题。判断的标准，应该主要看是否有利于发展社会主义社会的生产力，是否有利于增强社会主义国家的综合国力，是否有利于提高人民的生活水平。邓小平发表南方讲话之后，一时间，股票热、房地产热、开发区热、引进外资热，一些过去不敢想象，且被人为贴上"资本主义"标签的事物，在华夏大地蓬勃兴起。

1992 年 4 月 27 日，李嘉诚分别受到江泽民、杨尚昆等党和国家领导人的亲切接见。形势变得明朗起来，李嘉诚由此开始了在内地的大规模投资。李嘉诚虽闯劲不足但后劲足。

在内地站住脚的李嘉诚开始大规模地投资。在此期间，可以看出李嘉诚注重从时间上获得效率。高效赢得时间，时间就是金钱。

1992 年 10 月，李嘉诚投资深圳盐田港。

1992 年，在广州投资兴建一幢 73 层高的国际金融中心大厦，成为广州市最大的摩天大厦。

1992 年 11 月下旬，投资广深珠高速公路第 2 期工程广州至珠海段。

1992 年 6 月，李嘉诚在上海投资肋亿建设货柜码头，与香港互为犄角，并成为亚洲首席私营货柜码头大王。

还有一件事，同样体现了李嘉诚的"不为最先"的策略。根据郎咸平教授的统计，Vodafone（沃达丰）1991 年在英国推出 GSM（Global System for Mobile Communications，中文为全球移动通讯系统）网络业务，1994 年底客户已达 100 万。BT Cellnet(现在的 O2)1994 年在英国推出 GSM 网络业务，而 One2one 也已于 1993 年进入英国市场，Orange 是最后一个。

然而 Orange 增长迅速：英国客户数从 1994 年的 300 万上升到 1997 年的 1000 万，1999 年达到 3500 万，年增长率超过 60%。同时期，Vodafone 的英国客户数从 1994 年的 1000 万上升到 1997 年的 3000 万，到 1999 年的 5000 万，年增长率不足 40%。Orange1996 年上市，成为进入 FTSE-100 最年轻的公司，而且 1998 年成为 FTSE-100 表现最好的股票。可以说，Vodafone 花了 8 年所发展到的程度 Orange 用短短 4 年就已达到。

李嘉诚评价道：

> 伴随着经济的飞速增长，人民的生活素质显著提高，司法系统在进一步完善。中国加入世界贸易组织之后将会更加开放，商业法规将会进一步完善，司法系统也将变得简单明了。所有这些都将增添投资者的信心。

稳定回报业务：平衡盈利

著名经济学家郎咸平对李嘉诚的风险防范之道有一番分析。他说：收购或从事稳定回报业务来平衡盈利。稳定回报的业务，能提供稳定的现金流，有助于"兄弟单位"业务发展，整个集团遇到困境时它也能提供援手，还能使财务报告比较好看，借贷、集资都拿得出手。

地产项目一向是"长和系"的支柱，也是李嘉诚在港建功立业之本。地产也是一个可以提供稳定回报的业务。1972 年，李嘉诚将长江地产有限公司（属中小型地产公司）更名为长江实业（集团）有限公司。在他手头，已经积聚了相当的资金。

在20多年的经营奋斗实践中，李嘉诚对"资金是企业的血液。任何企业的生存和发展要过的第一关便是资金"的道理，已经有了切肤之痛的深刻认识，他认识到，他所要发展、经营的地产业，也即当今世界认定的"第三产业"，是一个能够产生无形效益创造巨大财富的产业部门。

李嘉诚认识到，经济迅速发展的香港需要着更多的现代化工业厂房、商业广场和大厦，人数激增的香港市民随着生活水平的提高与收入的增加，也需要着有更高档次更为舒适的楼宇居室，这是市场经济和社会发展、进步的需要，尤其是在前些年香港地产市场处于低潮期的时候，他凭借过人的眼光，已经比同行业的人走快走先了一步，1972年间，他已拥有35万平方尺的楼宇面积，还有一批地盘在大兴土木。地产业一直为李嘉诚的商业帝国提供稳定的资金流。

通过收购港灯，李嘉诚又获得了一个可以稳定回报的业务。李嘉诚决意收购"港灯"，其一，看中了"香港电灯"发电厂旧址的地皮，可用以发展大型住宅物业，与和记黄埔的地产业务具有协同性；其二，则是由于"香港电灯"主要经营电力业务，盈利和收入都较为稳定，可以平滑整个"长江系"的收益。并且港灯是拥有专利权的企业，不可能会有第二家企业在港岛与其竞争，能确保盈利稳定。

港灯为香港电灯公司的简称，于1889年1月24日注册成立，于1890年12月1日向港岛供电。发起人是保罗·遮打爵士，股东是各英资洋行。本是香港十大英资上市公司之一，有着一百多年的悠久历史。港灯是香港第二大电力集团，另一间是为英籍犹太家族嘉道理控制的中华电力集团，供电范围是九龙新界。"二战"之前，港灯坐大，"二战"后，九龙新界人口激增，工厂林立，中电后来者居上，赚得盆满钵满，还筹划向广东供电。港灯又是香港第二大电力公司，收入一直很稳定，再加上当时香港政府曾经推出"鼓励用电的收费制"（用电量愈多愈便宜），港灯的供电量暴增，收益也自然跟着增加不少。现代社会，无论如何都是离不开电的，故经济的盛衰，都不会

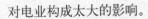

对电业构成太大的影响。

李嘉诚旗下的香港电灯有限公司，在 1981 年度的最辉煌成就，是举行百周年志庆活动。香港总督卫奕信爵士主持了"香港电灯节"的开幕礼。是年 3 月，在港岛坚尼地道之总办事处首先亮起百周年之徽号。该集团的业务继续取得强劲增长。1991 年度较 1990 年度溢利增长 21%。电力销售量增加 5.8%。供电量刷新纪录达 1680 兆瓦。

风险控制："未买先想卖"

李嘉诚从 22 岁开始创业做生意，超过 60 年，从来没有一年亏损，而且还一步步成为华人首富。如何在大胆扩张中不翻船？李嘉诚说道：

> 想想你在风和日丽的时候，假设你驾驶着以风推动的远洋船，在离开港口时，你要先想到万一悬挂十号风球（编者按：香港以风球代表台风强烈程度，十号相当于强烈台风），你怎么应付。虽然天气蛮好，但是你还是要估计，若有台风来袭，在风暴还没有离开之前，你怎么办？
>
> 我会不停研究每个项目要面对可能发生的坏情况下出现的问题，所以往往花 90% 考虑失败。就是因为这样，这么多年来，自从 1950 年到今天，长江（实业）并没有碰到贷款紧张，从来没有。长江（实业）上市到今天，假设股东拿了股息再买长实，（现在）赚钱两千多倍。就是拿了（股息），不再买入长江（实业），股票也超越一千倍。

李嘉诚相当强调风险，不过外人注意到的却是长江集团 50 年来，屡屡在危机入市，包含 1960 年代后期掌握时机从塑料跨到地产，"89 风波"后投资上海、深圳港口生意，甚至在印尼排华运动时投资印尼港口等，李嘉诚的大胆之举为何都未招来致命风险？其原因依然是李嘉诚花 90% 的时间考虑失败。

当李嘉诚决心将公司的部分财力倾注于 3G 业务时，他已经有一个几年内可能亏损的数字预期，并依此要求地产、港口、基础设施建设、赫斯基能源等几块业务将利润率提高，将负债率降低到一个风险相对小的程度：2001年时，赫斯基能源为和记黄埔贡献的利润不过 9 亿港元，到 2005 年已经升至 35 亿，同一时期，原本利润维持在一个稳定区间的港口业务和长江基建的利润分别从 27 亿变为 39 亿，及 22 亿变为 34 亿。虽然 3G 投资巨大，但是到 2006 年 6 月底时，和记黄埔的现金与可变现投资仍有 1300 亿元。李嘉诚说道：

> 你一定要先想到失败，从前我们中国人有句做生意的话："未买先想卖。"你还没有买进来，你就先想怎么卖出去，你应该先想失败会怎么样。因为成功的效果是 100% 或 50% 之差别根本不是太重要，但是如果一个小漏洞不及早修补，可能带给企业极大损害，所以，当一个项目发生亏蚀问题时，即使所涉金额不大，我也会和有关部门商量解决问题，所付出的时间和以倍数计的精神都是远远超乎比例的。我常常讲，一个机械手表，只要其中一个齿轮有一点毛病，你这个表就会停顿。一家公司也是，一个机构只要有一个弱点，就可能失败。了解细节，经常能在事前防御危机的发生。

花 90% 的时间来考虑失败，可以说是全方位预测风险的能力吗？为什么这件事比思考成功关键来得重要？李嘉诚表示：

> 可以这样说，就像是军队的"统帅"必须考虑退路。例如一个小国的统帅，本身拥有两万精兵，当计划攻占其他城池时，他必须多准备两倍的精兵，就是六万。因战争启动后，可能会出现很多意料不到的变化，一旦战败退守，国家也有超过正常时期一倍以上的兵力防御外敌。任何事业均要考虑自己的能力才能平衡风险，一帆

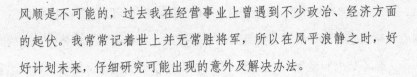
风顺是不可能的，过去我在经营事业上曾遇到不少政治、经济方面的起伏。我常常记着世上并无常胜将军，所以在风平浪静之时，好好计划未来，仔细研究可能出现的意外及解决办法。

最高境界："见好就收"

在 1998 年长江集团周年晚宴上，李嘉诚说了一句座右铭：

好的时候不要看得太好，坏的时候不要看得太坏。

这是他多年以来"见好就收"策略的最佳注解。这正是李嘉诚做生意的最高境界，也就是"拿得起，放得下"。歌德说得好："一个人不能永远做一个英雄或胜者，但必须永远做一个人。"这里，"做一个英雄或胜者"，指的便是"拿得起"时的状态；而"做一个人"，便是"放得下"时的状态。李嘉诚正是善于把握"见好就收"，才使他在商场上立于不败之地。

李嘉诚之所以能够成功，还有一样我们一定要学习的，就是"见好即收"的投资策略。

什么是"见好即收"？譬如有些人在股票市场，买入了一只股票，譬如买价是 1 美元。之后，这只股票真的上升，投资者当然满心高兴。这股票假设由 1 美元升至 1.3 美元。这位投资者赚了 30%，算是不错。但很多投资者在这种情况之下，都会认为，倒不如让股票继续升，岂不是赚得更多？于是这些投资者通常会继续持有这些股票。越涨得多，一些投资者就越不愿意将股票卖出。

到底股票获利多少、在什么价位抛售会比较合理呢。是 20%、30% 还是 50%？各种意见不一。有人认为"应该挣足，不获得全部的胜利，坚决不走人"。实际上，国际上著名的量子基金每年平均回报率也才 23% 左右。

其实具体来讲，一要看大势，二要看个股，三要看价位。大势不好的时候，别说有 20% 的利润，就是要获利 10% 也很难，所以应该坚决离开股市，耐心等待空仓，等待机会。如果股票是好股票，并且是处于大势好上涨的时间段，就不妨大胆地等一下。所以，在什么价位购买是很重要的，就要注意巨大的风险。

在投资市场上，很多投资者本来他是可以赚到一倍利润的，但由于贪心，不仅没有赚，反过来蚀了很多。这是因为他们不懂得"见好即收"的道理。

见好即收，是李嘉诚在商场经常运用的原则。

李嘉诚曾经经营塑料用品，之后，在这个市场最兴旺之时，就见好即收，转到塑料花。之后，在塑料花市场最兴旺之时，李嘉诚也见好即收，转为香港的房地产业。这些都是"见好即收"的最典型例子。

李嘉诚投资海外的几次大行动，有成功也有不利，收购成功，就控得该公司，如果收购难度太大，则见好就收，赚一笔就走。1987 年，李嘉诚与马世民协商后，以闪电般的速度投资 3.72 亿美元，买进英国电报无线电公司 5% 的股权。李嘉诚成为这家公众公司的大股东，却进不了董事局。原因是掌握大权的管理层，提防这位在香港打败英国巨富世家凯瑟克家族的华人大亨。1990 年，李嘉诚趁高抛股，净赚近 1 亿美元。

1994 年，和黄以 Orange 品牌在英国推出 PCS 流动电话服务，并于 1996 年成功在英国上市，获得 46 亿港元收益。更厉害的是，李嘉诚没有死抱 Orange 不放，反而于 1999 年一次将 Orange 全部股权售予德国电讯公司 Mannesmann（MMN），获利 1130 亿元，破了香港开端口以来的公司赚钱纪录。

见好即收，在李嘉诚投资生涯中，使他获得无数次成功，这真是神来之笔。能够在商场之内，可发可收，就真的是一个成功人物。李嘉诚当然能够在这方面做到至为出色。

延伸阅读

柳传志谈投资

我想谈谈我们做 PE 和 VC 的体会，联想集团原来是在 IT 领域发展的企业，到 2001 年的时候，我们把它进行分拆，联想集团专做自制产品的电脑，还分拆出一个神州数码，专做销售业务。我本人到了联想控股有限公司，就是这两间公司的母公司上面开展了新的业务，在 2001 年的时候我们办了一个联想投资，是一个风险投资公司，2003 年我们又成立了一个弘毅投资，是 PE 私募投资公司。

当时我们为什么敢这么做呢？主要是三点：第一，风投也好、PE 也好，我们觉得这里的投资者主要有两件事，一个是价值创造，一个是价格实现。所谓价值创造就是把你所投的公司变得更有价值，把它做得更好。价格实现无非是同样价值的情况下能赚更多的钱，能退出得更好。我们自己觉得在价值创造中由于我们自己的经历，从 1984 年开始我们就在制造业里摸爬滚打，由一个小的公司，摔了不知道多少跤，逐渐变成有一定规模的公司，而在摔跤的过程中我们不断总结、研究规律，所以我们觉得投资以后会对被投企业有所帮助，在价值创造方面我们能做事情，这是我们的第一点。

第二点就是在当时我自己觉得我们已经有了做这两间公司的合适的领军人物，我们有一个非常明确的理念，人不到，再好的事也不做。

第三，这两间公司刚一开始的时候我们不会去向外面募集资金，因为我们怕人家不相信我们，也负不起这个责任，把人家的钱给赔了，我们用自己的资金启动了这两家公司，这两家公司都是三千万美元，我们自己能拿得出来。

这两个公司的状况我简单介绍一下，第一个是联想投资，这是一个做风险投资的公司，到现在已经投完了三期基金了。第一期基金是 3500 万美元，这期基金全部是我们的，第二期基金 7500 万美元，三期基金 17000 万美元，后两期基金 50% 左右是我们的，这三个基金一共投资了 66 个企业，主要都是在高新技术领域里，有 10% 左右是做传统业务的，回报情况相当不错，一期基金现在已经全部收回来了，大概回报是 3 倍左右，二、三期基金的情况因为账还没全收回来，没算完，但是非常明显，要大大好于一期。业界对我们这间公司还是有很好的评价，这里都是一些有权威的机构评选，像中国风险投资研究院，也就是今天论坛的主持单位的评选，还有艾瑞新经济年会的评选以及 China Venture 的评选，我们荣获了"2006 年中国最具投资价值企业 50 强"的前三名，2007 年我们蝉联榜首，其中有 7 家企业是我们投的。现在联想投资已经完成了四期 4 亿美元基金的募集，已获大幅度超额认购。

再下面是弘毅投资，也已经投完了三期基金，这三期基金一共是 8 亿美元左右。第一期是我们的，后面两期我们所占的比例越来越少，因为投资人的要求越来越多，我们一共投了 18 个企业，业绩也是非常突出的。弘毅的 CEO 不愿意我说出具体回报，所以我这儿就不讲了。现在已经开始募集第四期基金，海外在目前融资相对扩展的情况下还是相对非常踊跃。

我主要谈谈我们的投资理念和特点：第一，事为先、人为重。所谓"事"就一定是看我们所投企业、行业发展空间和这个项目的水准，它的产品、利润等等方面的情况和竞争对手的情况，这是"事"。但看完"事"以后更重要的就是看人了，看这个班子，看管理团队的情况，我们再做的时候有一点坚信，就是我们投进去以后大概不准备换人的，也就是这个班子领导人实在不行了，才能下决心换。因为主要不是别的，而是我们没有这个能力换人，一个 CEO 和他班子的更换是非常困难的事情。在我们做 VC 的投资，大概前后有 5 个人是被我们更换派出的，那我们要付出很大的代价，要寻找人，我认为在整个中国这个行业里要想换掉人不是容易的事情，所以选择人的时候就格外重要了。

对人、对管理团队考核什么呢？大概有这么几个方面：第一个是诚信，如果他在跟投资人所有的交代之中有不诚信的东西，就要特别予以注意了，不管他其他方面做得有多好。第二个方面是这个管理人特别是 CEO 是不是能把企业的地位放在第一位，这一定极其重要；包括我后来说的PE投资在国企里面，这些CEO能不能把企业的利益放在第一位，自己得到的利益是在企业之中的。第三点是管理的能力，从这张图上可以看出来，我们把管理看做两个层次，房顶的层次是企业的运作层面管理，采购、研发、生产、销售、服务等的规律你是不是懂得？这是最基本的，这个基本的满足了以后才可能看底下的管理基础的问题，如果上面的做不好的话，比如风险投资要看他有没有悟性，能不能帮到忙。下面那一块就是所谓的管理基础，管理基础就是在上面做好的情况下，简单地说我们叫做管理三要素了。会不会建班子、懂不懂定战略、会不会带队伍，倒未必按这三条做，但管理要有悟性，如果行业很好，内部又很好的话，那这个企业就特别值得投，可能抱出一个大的金娃娃。但是一般的企业如果把房顶这一块做好了，也就具有一定的投资价值了，这需要掌握了。至于如何考察、如何把握，这就要看基金管理公司的能力了，刚才讲到了，基金管理公司本身要受到培训，这是一个投资管理公司的水平所在。

第二个体会关于机制、体制本身的做法。因为一间风投公司里，它的机制、体制是不是能充分调动管理者的积极性，这一点是非常重要的。我想风投里可能主要以民营企业为主，PE里有包括对国企的投资，对国企的投资确实要很注意。我们自己的做法是投国企要占大股，便于我们对它的机制体制改造，而投民企就是小股，基本以帮助为主，这是我们的基本原则。如果投了国企，占了小股，机制体制不能改造的话，有很多东西很难受。

第三点就是所谓价值创造，投进去以后我们能做哪些事情？第一，如果投的是国企就要机制改革，今天这个题目PE也在里头，机制改革主要针对是我们所做的PE投资来说的。第二是资金方面的帮助。第三是对企业战略设计的帮助，我们在投进去以后，发现很多企业确实是不太明白为什么要有战略设计，战略设计以后怎么能够提高企业的执行能力？怎么去做？这些都不是很熟悉，尤其有的国企有相当大的规模，但对这方面不太熟悉。第四是业务环节专业化，从采购到最后销售，这中间有很多业务环节。第五是说下游链接。

　　下面我举一个弘毅做的PE的例子，是中国玻璃。中国玻璃原来叫江苏玻璃，是在江苏苏北地区一个不大的玻璃厂，虽然不大，但却是江苏省的重点亏损企业。我们在投进去的时候考察了他们新换届的领导班子，尤其领导人本身我们认为能力非常之强，我们对领导人本身反复进行了考察，觉得对他有信心，这样就把这个企业100%全买下来了。2007年这个公司已经改名为"中国玻璃控股有限公司"，总部迁到北京市。我们在这里做了哪些工作呢？一个是调整了机制，建立了规范的董事会治理，管理团队持股，国有企业给团队持股的时候就很困难，一来就要说是国有资产流失，因为你持了股以后这个企业总要做好，一做好以后就说当年的钱给了便宜了，这事没法做。但我们进去以后不要紧，是我们投资人愿意这么做，这就没关系，有点像打开笼门，给真老虎插上真的翅膀。一上市以后他要扩大贷款，投资的企业融科是没法贷的，但联想控股可以担保，后来给这个企业贷了钱；后来世界最大的玻璃公司皮尔金顿说，如果你把高档产品的生产线搬到中国来，我们愿意投资，这样就形成了战略投资者。在战略制定上我们做了很重要的事情，因为玻璃行业老是市场上景气一年，不景气一年，在景气一年的时候会有很多生产线投入，跟着就下来了。这个时候企业如果上市的话报表也是很难看的，其实如果他在海外能开展业务的话，这要进行一下平衡马上就会好得多，对利润、对企业的发展好得多，原来他们做不到，这些东西我们帮他们设计了，而且帮他们实现了。另外建立了产品升级的生产线，更有一条是开始了大规模的并购，一开始我介绍过，这个负责人的能力非常之强，我们觉得他有管理更多企业的能力，因此在中国玻璃处于低潮的时候就开始并购，连续并购。刚才讲的那16条生产线，他们原来自己只有2条变成了5条，其他全都是并购过来的，并购的效果非常之好。并购非常有讲究，有的并购企业没有管理能力，接过来就完了；还有的企业非常有管理能力，我们也瞄好了这个企业，原来也是国企，主要的做法是让两家的领导人交了一年的朋友，双方研究你们认为合在一起谁干什么合适，部下怎么排班，怎么安排合适，把这些事情都弄通了才动手，所以进来以后没有血型不对的事，两个人在一起的时候实现了1加1大于2。

这就是一个做投资的人应该做的工作，我相信这是属于价值投资的内容，把这些事情做好了那投资就做好了。

谢谢大家！

（本文为联想董事局主席柳传志于 2008 年在第十届中国风险投资论坛上的演讲）

第*3*章

"把握升浪起点"

——李嘉诚论投资机会把握

> 我个人认为是否能抓住时机和企业发展的步
> 伐是有重大关联的，要抓住时机先要掌握准
> 确数据和最新信息，能否主导时机是看你平
> 常的步伐是否可以在适当的时候发力，走在
> 竞争者之前。

把握升浪起点，着手越快越好

"心明眼亮"是世界第一 CEO 杰克·韦尔奇非常注重的一条经商术。李嘉诚也是一个心明眼亮的大商人，他总善于洞察天机，对自己看准的事志在必得。李嘉诚说道：

> 随时留意身边有无生意可做，才会抓住时机，把握升浪起点。
> 着手越快越好。遇到不寻常的事发生时立即想到赚钱，这是生意人
> 应该具备的素质。

李嘉诚就是这样一个善于把握机遇的人。他创办长江塑胶厂时，香港经济开始由转口贸易型转向加工贸易型。李嘉诚投身塑胶行业，正是顺应了香港经济的转轨。当时塑胶业在国外也还是新兴产业，发展前景广阔。塑胶制品加工投资少、见效快，适宜小业主经营。生产原料从欧美日进口，销售市场迅速扩展到海外。再加上之前的推销员经历，使李嘉诚对推销轻车熟路，第一批产品很顺利就卖出去了。

李嘉诚认为：

> 任何一种行业，如有一窝蜂的趋势，过度发展，就会造成摧残。

于是，当香港的塑胶业进入鼎盛时期的时候，李嘉诚意识到了行业的危机，开始思考新的突破口。意外发现了塑胶花的商机之后，李嘉诚迅速去意

大利学习技术，抢得了先机。塑胶花的成功，使李嘉诚赚来了第一桶金。

但塑胶花只是李嘉诚资本原始积累的方式。1960 年，香港的经济开始提速，世界各国的冒险家、投机家纷纷拥入香港，李嘉诚再一次敏锐地捕捉到了商机，他发现，随着香港经济和人口的迅速增长，这个弹丸之地的土地资源将会很快出现短缺，地价势必会持续不断地上涨。于是，李嘉诚决定进军房地产业。

在今天，百亿身价的超级巨富，90% 是地产商或兼营地产的商人。可当时并非如此，大富翁分散在金融、航运、地产、贸易、零售、能源、工业等诸多行业，地产商在富豪家族中并不突出。这同时意味着，房地产不是人人看好的行业。

李嘉诚以独到的慧眼，洞察到地产的巨大潜质和广阔前景。

当时，恰好有一个经销塑胶产品的美国财团，为了得到充足的货源，愿意以 300 万港元的高价加盟塑胶厂。李嘉诚盘算他的厂子就是再经营三五年，也不一定能赚到 200 万港元，于是他毅然决定与其合作，同时，他又抽出一笔资金开始踏入房产业。1968 年，香港经济开始复苏，房地产业显现出了巨大活力，李嘉诚分到了房产业最大一杯羹，个人资产迅速翻番。

迅速抓住商机，是李嘉诚的一个成功要诀。李嘉诚收购香港希尔顿酒店的案例更为经典。希尔顿酒店位于中环银行区，占地约 3.9 万平方英尺，房间达 800 间。

1977 年，长实以 2.3 亿港元收购希尔顿酒店所属的永高公司，整项交易用不到一周。这是长实上市第一次重大收购案。

李嘉诚向外界叙述了收购发生的过程：

能买下希尔顿是因为有一天我去酒会，后面有两个外国人在讲，一个说中区有一个酒店要卖，对方就问他卖家在哪里？他们知道酒会太多人知道不好，他就说，在 Texas（德州），我听到后立即便知道他们所说的是希尔顿酒店。酒会还没结束，我已经跑到那个卖家的会计师行（卖方代表）那里，找他的 auditor（稽核）马上讲，我要买这个酒店。

他说奇怪，我们两个小时之前才决定要卖的，你怎么知道？当然我笑而不答，心自闲，我只说：如果你有这件事，我就要买。

我当时估计，全香港的酒店，在两三年内租金会直线上扬。（卖家）是一间上市公司，在香港拥有希尔顿，在峇厘岛是 HyattHotel（凯悦饭店），但是我只算它香港希尔顿的资产，就已经值得我跟它买。这就是决定性的资料，让这间公司在我手里。

这起生意难道没有别的竞争者？李嘉诚在接受《全球商业》采访时表示：

一、因为没有人知道，二、我出手非常快。其他人没这么快。因为我在酒会听到了，就马上打电话给我一个董事，他是稽核那一行的，我一问，他和卖家的稽核是好朋友，马上到他办公室谈。那笔交易我买过来后，公司的资产一年增值一倍。

知己知彼：最重要的因素

李嘉诚非常善于把握和判断时机，他不是很轻易下决心的人，一定要"掌握全面的资讯，要做到知己知彼"，李嘉诚做出重大决策时最强调的是事前准备，最看重的是数字。

李嘉诚对数字达到了热爱的程度。不仅其手机上每天都会收到全球各个市场的业务发展数据。

1957 年进入地产业之初，李嘉诚手持一块秒表做"尽职调查"（due diligence），从汽车站等热闹的地方步行到自己待购的目标，估算未来人流状况。时至今日，他仍自信于外界询问他问题，他平时有准备，可轻而易举地给出事实或数据，并自信"超过 90% 是对的"。

李嘉诚举例说：

到目前为止，我似乎没有大的错误，每次近做决定前也做好准备。例如 Orange 这历史上最大的交易，我事前不认识对方，亦从未见面，只听过他的名字，那次对方只有数小时逗留在香港洽谈，因我事先已熟悉 cellular telephone（移动电话）的前途及做好准备，向对方清楚表达，所以很快便可做决定。我虽然是做最后决策的人，但事前一定听取很多方面的意见，当做决定及执行时必定很快。可见时间的分配、消除压力要靠组织来配合。

在别人眼中，李嘉诚好像总是被幸运之神所青睐，大大小小的机会好像都愿意往他身上钻似的。可是实际上，面对机会每个人都是平等的，差别只是在于你是否具有敏锐的眼光和高度关注社会和环境的精神。这种差别，实际上也是能否抓住机会的关键。李嘉诚作为一个成功的商人，最值得学习的一点就是勤于思考、善于观察。

时机的背后最重要的因素，就是知己知彼。

做任何决定之前，我们要先知道自己的条件，然后才知道自己有什么选择。在企业的层次上，身处国际竞争激烈的环境中我们要和对手相比，知道什么是我们的优点，什么是弱点，另外更要看对手的长处，人们经常花很长时间去发掘对手的不足，其实看对手的长处更是重要。掌握准确、充足数据可以作出正确的决定。

20 世纪 90 年代初，和记黄埔原来在英国投资的单向流动电话业务 Rabbit，面对新技术的冲击，我们觉得业务前途不大，决定结束。这亦不是很大的投资，我当时的考虑是结束更为有利。

与此同时，面对通讯技术很快的变化、市场不明朗的关键时刻，我们要考虑另一项刚刚在英国开始的电讯投资，究竟要继续？或是把它卖给对手？当然卖出的机会绝少，只是初步的探讨而已。

我们和买家刚开始洽谈，对方的管理人员就用傲慢的态度跟我

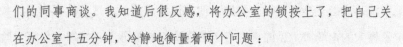

们的同事商谈。我知道后很反感，将办公室的锁按上了，把自己关在办公室十五分钟，冷静地衡量着两个问题：

1. 再次小心检讨流动通讯行业在当时的前途看法。

2. 和记黄埔的财力、人力、物力是否可以支持发展这项目？

当我给这两个问题肯定的答案之后，我决定全力发展我们的网络，而且要比对手做得更快更全面。Orange 就在这种环境下诞生，并全速发展。

1986 年，李嘉诚斥资 6 亿港元购入英国皮尔逊公司近 5% 的股权。该公司拥有世界著名的《金融时报》等产业，并在伦敦、巴黎、纽约的拉扎德投资银行拥有权益。

该公司股东们对李嘉诚大举收购英资的行动早有耳闻，因此他们对李嘉诚怀有戒心，担心他进一步控得皮尔逊，不甘让华人做他们的大班，于是便组织反收购。李嘉诚见势不妙，便随机退却，半年后抛出股票，赢利 1.2 亿港元。

追求最新的 Information

我从不间断读新科技、新知识的书籍，不至因为不了解新信息而和时代潮流脱节。

在最初创业的时候，李嘉诚与一般厂主的不同之处便是他时常将眼光放在国际市场，所以大量订阅英文杂志，以了解国际市场的潮流。

那个时候，在香港塑胶生产行业，看英文版《现代塑胶》专业杂志的人很少，但李嘉诚却一直很看重这本杂志，经常从里面学习塑胶行业的前卫知识。

1957 年初的一天，李嘉诚阅读新一期的英文版《现代塑胶》杂志，偶然看到一小段消息，说意大利一家公司利用塑胶原料制造塑胶花，全面倾销欧美市场，这给了李嘉诚很大灵感。他敏锐地意识到，这类价廉物美的装饰品有着极大的市场潜力，而香港有大量廉价勤快的劳工正好用来从事塑胶花生产。他预测塑胶花也会在香港流行。

欧美的家庭，室内户外都要装饰花卉。这些植物花卉，经常要浇水、施肥、剪修、除草。现代人的生活节奏日益加快，当时许多家庭主妇变成职业妇女，对这些家庭来说，不再有闲情逸致花费时间去侍弄花卉。并且，植物花卉花期有限，每季都要更换花卉品种，实在麻烦得很。

塑胶花正好弥补这些缺陷。现代人以趋赶时髦为荣，塑胶花的面市，将会引发塑胶市场的一次革命，前景极为乐观。

于是，李嘉诚在香港做了一次调查，他发现那么多的商场里，居然没有一家卖塑胶花的。对于长江塑胶厂来说，如果塑胶花的生产和销售能够获得成功，那么企业就有重新壮大的一天。

李嘉诚心里很清楚，对于任何刚面世的新产品，每个商家都会非常重视，为了不让竞争对手或者其他人将技术学到手，对技术资料都会有很大的保留。为了克服这些看似不可逾越的难关，李嘉诚不断以购货商、推销员的身份打入企业内部，甚至采取了为别人打短工的方式，千方百计地搜集每一点关于塑胶花制作的技术资料和信息。

然后回港，在士美菲路分厂研制塑料花，高峰时曾请近100名工人，赶工时分三班制。从此，成就了李嘉诚"塑料花大王"的称誉。

李嘉诚在一次演讲中说道：

很多关于我的报道都说我懂得抓住时机，那么时机的背后又是什么呢？我认为，抓住时机首先要掌握准确的最新资讯。

******

最重要是事前要吸取经营行业最新、最准确的技术、知识和一切与行业有关的市场动态及信息，才有深思熟虑的计划，让自己能轻而易举在竞争市场上处于有利位置。你掌握了消息，机会来的时候，你就可以马上有动作。

虽然并未接受过太多专业教育，但李嘉诚热爱数字。而他从 20 岁起就热衷于阅读其他公司的年报，除了寻找投资机会，也从中学习其他公司会计处理的方法的优点和漏弊，以及公司资源的分布。

如今，不仅其 3G 手机上每天都会陆续收到全球各个市场的 3G 业务发展数据，他还热爱广泛阅读年报。他自称可以对集团内任何一间公司近年发展的数字，准确地说出百分之九十以上的数据："看一看便能牢记，是因为我投入。"李嘉诚还有一种才能：他能将大量复杂信息分解为相对简单的几个问题。

李嘉诚在一次演讲中举例道：

1999 年我决定把 Orange 出售，也是基于我看到流动通讯技术的进步和市场的转变，当时我看到三个现象：

1. 话音服务越来越普及，增长速度虽然很快，但行业竞争太大，使到边际利润可能减低。

2. 数据传送服务的比重越来越大，增长速度的百分率比话音要高很多。

3. 在科技通讯股热潮的推动下，流动通讯公司的市场价值已达到巅峰。

三个现象加在一起，让我看到流动电话加互联网是一个重要的配搭，潜力无限。所以我把握时机，在现有通讯技术价值最高的时候，决定把 Orange 卖出去，再把钱投资在更切合实际需求的新科技领域上，例如第三代流动电话。

直到如今，每天早晨，李嘉诚都能在办公桌上收到一份当日的全球新闻列表，根据题目，他选择自己希望完整阅读的文章，由专员翻译。通常，这些关于全球经济、行业变迁的报道，是启发李嘉诚思考的入口。

至于李嘉诚 2008 年开始关注哪些新的产业，李嘉诚在接受《全球商业》采访时表示：

今天啊？很多新的东西，我昨天开会，讲到 Facebook（编者按：由两位哈佛生创立，是美国排名第一的照片分享站点，每天上载 850 万张照片。较特别的是使用者大多会留下真实姓名和资料，供交友或寻人之用）。

从最初的几家大学开始，有人说 2011 年还是 2012 年才达到 4800 万名用户，其实这公司上个月已达 4500 万活跃用户，但是如果你没有这个 information 的话，要分析 facebook，你的资料就不足够。

所以呢，做哪一行都是，最要紧的就是要追求最新的 information，做哪行都是一样。

"抢学问"的精神

李嘉诚年轻时在公司打工的时候，同事们闲下来就聚在一起打麻将，李嘉诚却捧着厚厚的一本《辞海》啃。天天如此，把一本《辞海》都啃得发黑了。

李嘉诚形容自己：

不是求学问，而是抢学问。

正是靠这种"抢学问"的精神，才为幸运之神的降临创造了条件。假如没有勤奋努力，肯定一事无成。李嘉诚说：

年轻的时候，我表面谦虚，其实内心很骄傲。为什么骄傲呢？因为同事们去玩的时候，我去求学问；他们每天保持原状，而我的学问日渐提高。

因为李嘉诚年轻很小就要承担起养家糊口的重任，所以他的学问是在别人玩耍的空闲时间中"抢"来的，并通过"抢"而养成了一生爱读书的好习惯。

李嘉诚说：

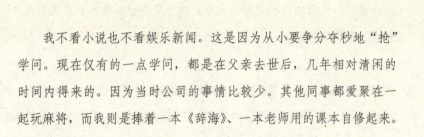

　　我不看小说也不看娱乐新闻。这是因为从小要争分夺秒地"抢"学问。现在仅有的一点学问，都是在父亲去世后，几年相对清闲的时间内得来的。因为当时公司的事情比较少。其他同事都爱聚在一起玩麻将，而我则是捧着一本《辞海》、一本老师用的课本自修起来。书看完了卖掉再买新书。以前，每天晚上我都看书，并不看时钟，看完了就熄灯睡觉。

李嘉诚在接受《商业周刊》采访时说道：

　　在阅读的过程中，我深深感受到知识改变命运。

　　《李嘉诚传奇》一书中记载了这样一个事情："虽然初中仅读了初阶英文就中断，但他却订阅《当代塑料》等英文塑料专门杂志，苦学查辞典，不让自己与世界塑料潮流脱节。

　　"二次世界大战初结束后的某天，他的工厂老板亟须发信，偏偏他的书记请病假，老板就问：'这里面哪个人比较会写信、字写得好一点的？'骤然间，四五个职员都指向李嘉诚。'叫他写，他每天都念书写字。'老板望向这个未满十七岁的孩子，疑惑地问：'你真的懂吗？'他说：'我可以试试。你心想说什么，你讲我来写。'

　　"当场他立即动手，写了好几封信。信发出后，老板的朋友赞不绝口，纷纷问他：'你这位先生是什么时候请的？比原本的要好。'这件事，让老板对李嘉诚另眼相待，很快地把他从做杂役的小工，调至做货仓管理员，管理名表、表带等昂贵的货物进出。

　　"杂役小工崭露头角……帮老板写信获拔擢，十八岁升到经理。"
　　李嘉诚回忆这段往事：

　　所以说，知识改变命运。如果没有一点文学底子，写信慢，也未必通顺，后来也得不到那个职务。这个职务让我懂得货品的进出、价格、懂得管理货品。

其后，李嘉诚从货仓管理员，转为走街的推销员，因为业绩亮丽，十八岁，他晋升为经理，十九岁升为总经理，管两百名工人及二十名写字楼职员，薪水则从港币五十元倍增至超出家中所需许多。

也正是因为专于学习，使得李嘉诚的英文相当不错。五十年前，他就拿本字典从阅读华尔街上市公司的英文年报学做生意、订阅英文《当代塑料》(Modern Plastics) 及其他西方专门的塑料杂志，掌握全球塑料潮流。以至于他现在能统领 54 国的投资事业，旗下的总经理尽是各国籍人士。

李嘉诚虽然没有受过正规的学校教育，但他不仅始终重视追求新知识，而且还养成了良好的读书习惯。李嘉诚说：

> 我最初做塑胶生意时，外国最新的塑胶杂志，在当时的香港，看的人并不多，但我学、我看。我认为一个人凭自己的经验得出的结论当然是好，但是时间就浪费得多了，如果能够将书本知识和实际工作结合起来，那才是最好的。

******

> 大约 1950 年创业的时候，是最艰难的时候。我总共只有 5 万港元，很紧张。凭借"拥有的只是智慧、学习和努力"这一觉悟，赶超新潮流。到了上个世纪 50 年代后期，订阅了一份英语杂志《当代塑料》，读到了塑料花会在全世界走俏的报道时，才有了成功的预感。

有不少人说，知识创造财富，但李嘉诚却认为：

> 知识并不能决定你的一生中可以增加多少财富，但却一定会令你增加更多机会。

******

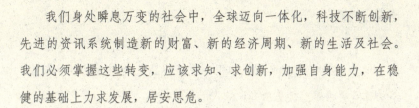

我们身处瞬息万变的社会中，全球迈向一体化，科技不断创新，先进的资讯系统制造新的财富、新的经济周期、新的生活及社会。我们必须掌握这些转变，应该求知、求创新，加强自身能力，在稳健的基础上力求发展，居安思危。

知识创造机会，而机会比财富更加重要，因为：

在知识经济时代里，如果你有资金，但是缺乏知识，没有新的信息，无论何种行业，你越拼搏，失败的可能性越大。但是你有知识，没有资金的话，小小的付出就能够有回报，并且很可能达到成功。现在与数十年前相比，知识和资金在通往成功的道路上所起的作用完全不同。

李嘉诚以此总结知识的力量与价值，而这种对知识始终如一的珍惜，正是现代学子应该学习之处。

谈到知识对创业成功的重要性时，李嘉诚说：

知识不仅是指课本的内容，还包括社会经验、文明文化、时代精神等整体要素，才有竞争力。知识是新时代的资本，五六十年代人靠勤劳可以成事；今天的香港要抢知识，要以知识取胜。

20 世纪 90 年代中期，当微软进入千家万户，比尔·盖茨以数百亿美元的家产成为全球热点人物时，亚洲的经济评论家一致认为，在知识经济到来之际，香港以李嘉诚为代表的那些靠地产、航运、港口等传统行业致富的富豪，将会很快被时代淘汰。然而事实证明，这些经济学家的预言是错误的。李嘉诚与时俱进的知识更新，使得李氏家族企业在世纪之交，靠着网络，在不到半年的时间内，足足赚了 2000 亿港元。李氏家族的总资产在世界排行榜中进入了前 5 名。李氏父子俨然成了亚洲高科技产业的新霸主。

李嘉诚说道：

　　一个人只有不断填充新知识，才能适应日新月异的现代社会，不然你就会被那些拥有新知识的人所超越。

作为商人或者说企业家，最重要的素质是什么？对于这个问题，李嘉诚的答案是：

　　就我本人来说，作为企业家，就算有很多弱点，但我也有一些优点。我喜欢不断地学习、创新和努力工作。这可以说是我事业持续扩大的秘诀。我一直是一边紧盯核心事业的重点领域，一边为了扩展事业而不断探索其他新领域。

　　我认为企业家要尽可能少地把精力和时间花费在交流上，要用更多的时间来培养自己学习、研究、判断的能力，这是决定竞争优势的东西。

李嘉诚认为知识最大的作用是可以磨砺眼光，增强判断力。他说道：

　　有人喜欢凭直觉行事，但直觉并不是可靠的方向仪。时代不断进步，我们不但要紧贴转变，还要有国际视野，掌握和判断最快、最准的信息，要创新比对手走前几步。不愿意改变的人只能等待运气，懂得掌握时机的人另一方面就能创造机会。幸运只会降临那些有世界观、胆大心细、敢于接受挑战但是又能够谨慎行事的人身上。

******

　　具判断能力亦是事业成功的重要条件，凡事要充分了解及详细研究，掌握准确资料，自然能作出适当的判断。求知是最重要的一环节，有些人到某一地步便满足，不再求知，停滞不前，今天我仍继续学习，尽量看最新兴科技、财经、政治等有关的报道，每天晚上还坚持看英文电视，温习英语。

不疾而速，一击即中

据有关研究表明，有80%左右的公司并不适合快速发展。早已习惯了"不是大鱼吃小鱼，而是快鱼吃慢鱼"的说法，事实上已经没有多少意义。微软在创新方面也不见得比其他企业更快，然而它的过人之处在于一旦看准了某一方面，便能蓄势而进，以很快的速度赶超竞争对手。对新经济条件下的企业来说，合适的发展速度才能够给企业带来长远发展的竞争优势，而不是越快越好。

谨慎者，常因保守错失良机；开创者，常因扩张太快而一夕崩溃。李嘉诚的成功，就在于他能兼具两者优点，避开两者缺点，讲求"适度"的发展。李嘉诚有"不疾而速"的经营精髓：

"不疾而速"，你靠着老早有这个很多资料，很多困难你老早已经知道，就是你没做这个事之前，你老早想到假如碰到这个问题的时候。你怎么办？由于已有充足的准备，故能胸有成竹，当机会来临时自能迅速把握，一击即中。如果你没有主意，怎么样"不疾而速"？

"不疾而速"，其实是在风险管理、信息收集、财务准备齐备了，遇到机会，才能"一击即中"。李嘉诚表示：

我的主张从来都是稳中求进。我们事先都会制定出预算，然后在适当的时候以合适的价格投资。

九龙仓是香港最大的货运港，是香港四大洋行之首的怡和系控有的一家上市公司，与置地公司并称为怡和的"两翼。"李嘉诚一直以置地为对手，对九龙仓没有多加注意。

九龙仓引起他的注意，是九龙仓的"挪窝"。与港岛中区隔海相望的尖沙咀，日益成为香港的旅游商业区。火车总站东迁后，九龙仓把货运业务迁到葵涌和半岛西，腾出来的地皮用于发展商业大厦。李嘉诚赞叹九龙仓的创始人以极低廉的价格获得这块风水宝地，如今水涨船高，身价百倍。

李嘉诚通过研究九龙仓，发现九龙仓是块风水宝地。但同时，李嘉诚发现，九龙仓在经营方式上存在缺陷：仍在固守着用自有资产兴建楼宇，只租不售的传统方式，造成资金回流滞缓，使集团陷入财政危机。

九龙仓为解危机，大量出售债券套取现金，又使得集团债台高筑，信誉下降，股票贬值。李嘉诚曾多次设想，若由他来主持九龙仓旧址地产开发，绝不致陷入如此困境。于是，李嘉诚不显山不露水地从散户手中购买了约占九龙仓总股数 20%的股票。但是这一举动引起了九龙仓的注意。但由于资金储备的不足，而不得不求助于英资财团的大靠山——汇丰银行。

汇丰大班沈弼亲自出马奉劝李嘉诚放弃收购九龙仓。李嘉诚审时度势，认为不宜同时树怡和、汇丰两个强敌。于是李嘉诚答应沈弼，不再收购。虽然，没有收购成功，但这项行动同样证明了李嘉诚"不疾而速"的策略。

在李嘉诚看来，做任何事都要做好准备。

我凡事必有充分的准备然后才去做。一向以来，做生意、处理事情都是如此。例如天文台说天气很好，但我常常问我自己，如 5 分钟后宣布有台风，我会怎样，在香港做生意，亦要保持这种心理准备。

1977 年初，地铁公司宣布邀请地产发展商，竞投中环旧邮政总局地铁站上方的物业发展权，吸引 30 家地产集团竞标。其中最被媒体看好的，是英商置地公司。因此，李嘉诚预先沙盘推演。他计算长实可运用资金、银行可动用额度、加上自己口袋里的资金等立即可动用的现金，条件应比同业优越。

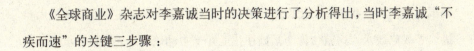

《全球商业》杂志对李嘉诚当时的决策进行了分析得出，当时李嘉诚"不疾而速"的关键三步骤：

◆ 1.掌握房市趋势、卖方与竞争者的罩门，亦即掌握他再三强调的"知识"；

◆ 2.公司本身需财务稳健，才有议价弹性；

◆ 3.必要时，以"小金库"抬注"大金库"，亦即以私人资金支持公司对外购并。当一切齐备，自然能一举中的。

因此，李嘉诚的长实公司最终却战胜了置地。经此一役，李嘉诚在港人心目中的地位，也戏剧性升高。这件案子凸显李嘉诚"不疾而速"。

我会贯彻一个决定，我在差不多99.9%的Prosts（工程）上做到这一点。譬如以过去数以百计的地盘而论，更改的情况可以说是绝无仅有。我不会今日想建写字楼，明日想建酒店，后天又想改为住宅发展。因为我在考虑的期间，已经着手仔细研究过。一旦决定了，就按计划发展，除非有很特别的情况发生。我知道香港有的人把几万尺的一个地盘，可以把计划更改几次，十几年后才完成，有些人喜欢这样做，但我cannot afford（负担不起）。

"敏锐的政治眼光"

李嘉诚的生活和事业已与政治、文化、文明和国家牢牢地系在一起了。这一点尚无多少人注意到。

李嘉诚是一个企业家，但他却不是一个"只知赚钱、只为赚钱、只会赚钱"的企业家；更重要的，他更是一个"最有敏锐的政治眼光的经济战略家"。在长期的社会实践和复杂多变的环境中，他能挥洒自如地运用诸如"等待时机"、"看好天气"、"绕过暗礁"、"审时度势"、"随机应变"、"早著先鞭"、"未雨绸缪"、"人弃我取"、"化腐朽为神奇"、"避开困难绕道走，利用顺境大步进"等战略战术。这就使得李嘉诚往往能处于主动位置，善于抓住机遇，在有利条件及时机下，大步地加速发展自己。

并且，在香港这个大都会里，经济神经、政治神经、生活神经从来都是十分敏感的。每有一点"风吹草动"或"蛛丝马迹"往往会幻变成为"杯弓蛇影"或"狂雹飓风"。

李嘉诚熟悉资本主义经济发展的"周期"法则，并运用得主动、自如和灵活。

香港股市的兴旺与衰微，大都与政治经济因素有直接关系，大致有一定的规律性。古人云："功夫在诗外。"李嘉诚时机掐得准，是他时时关注整个国际时势的结果。

对于香港股市来说，无论是在一种什么情况之下，只要涉及邻近国家的动荡不安，英美政府首脑的更替，及至中东的和平或者战争，都会刺激香港，带来有利抑或不利的影响。可是当股票上涨，出现股市中所谓的牛市的时候，这时就似乎家家户户都捷报频传，所到之处听到的都是某某人又发财了的消息。每当出现这种行情的时候，去股市开户投资的人便会风起云涌，大有不入此山不罢休的势头。在这种人云亦云、你追我赶、大喜大悲的投资心理之下，一旦转向股票市场上就是一片风声鹤唳，稍一动作，就会狂跌不止，出现股市人人谈之色变的熊市。

李嘉诚在回答记者请教其房地产经营中的心得时说：

> 不能说是心得，或者我告诉你们我的做法。我不会因为今日楼市好景，立刻购下很多地皮，从一购一卖之间牟取利润；我会看全局，例如供楼的情况、市民的收入和支出，以至世界经济前景，因为香港经济会受到世界各地的影响，也受国内政治气候的影响。所以在决定一件大事之前，我很审慎，会跟一切有关的人士商量，但到我决定一个方针之后，就不再变更。

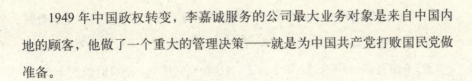

1949年中国政权转变，李嘉诚服务的公司最大业务对象是来自中国内地的顾客，他做了一个重大的管理决策——就是为中国共产党打败国民党做准备。

随着中国内战和政局的发展，我知道，由于我们90%的销售都面向中国内地，如果内地领导层发生变动，我们的业务将大幅减少；果然，1949年，我们的业务减少了90%，比我预期的还要糟糕。但公司没有受到严重影响，因为我没有留太多库存，也没有订购太多原材料。

"文革"时，香港人心惶惶，发生了自"二战"后的第一次大移民潮。许多有钱人纷纷贱卖住宅、商店、厂房、物品，携款远走他乡，楼市更是无人问津。李嘉诚举家迁往新加坡，但他也看到了其中的商机。拥有数个地盘、物业的李嘉诚经过深思熟虑，对"（中共）会不会以武力收复香港"的问题做出了判断：

不可能！中国共产党若想武力收复香港，早在1949年就可趁解放广州之际一举收复，何必等到现在？而香港是内地对外贸易的唯一通道，保留香港现状，实际上对中国共产党大有好处。中国共产党并不希望香港局势动乱。

他毅然采取惊人之举，买下旧房翻新出租；利用地产低潮、建筑费低廉的良机，在地盘上兴建物业。李嘉诚低价买下其他地产商刚开始打桩而又放弃的地盘。20世纪70年代，香港人口由战后60万增至400多万，楼宇需求大大增加。李嘉诚表示："我赚到很多钱，但不是一个天文数字。"

到了1971年"九·一三"事件后，中国内地政治气候，已开始从阴、多云到转向晴，社会环境得到了较大的安定。1972年2月21日尼克松访华，开始实现中美邦交正常化。这些国际的大环境和中国内地的大环境，都给香港社会经济的发展带来了极有利的条件。李嘉诚看准并抓住了这一个大好时机，他决定适时将长江地产有限公司（属中小型地产公司）更名为长江实业（集团）有限公司，并于 1972 年 7 月 31 日宣告正式成立。这个时候的李嘉诚，已进入了"不惑之年"。在他手头，已经积聚了相当的资金。

李嘉诚相当强调风险，不过外人注意到的却是长江集团五十年来，屡屡在危机入市，包含 1960 年代后期掌握时机从塑料跨到地产，投资上海、深圳港口生意，甚至在印度尼西亚排华运动时投资印度尼西亚港口等，李嘉诚的大胆之举为何都未招来致命风险？李嘉诚表示：

这其实是掌握市场周期起伏的时机，并还有顾及与国际经济、政治、民生一些有关的各种因素，如地产的兴旺供求周期已达到顶峰时，几乎无可避免可能会下跌；又因为工业的基地转移、必须思考要增加的投资、对什么技术需求最大等等的决定，因应不同的项目找出最快达到商业目标的途径，事前都需要经过精细严谨的研究才能在不景气的时候大力发展，就是在市场旺盛的时候要看到潜伏的危机，以及当它来临时如何应对，这是需要具备若干条件的。

而在李嘉诚入主"和黄"后不久，1985 年 5 月 27 日，中英两国政府代表在北京交换了两国最高立法机构对中英《联合声明》的批准书后，李嘉诚又在他的事业上取得了巨大的喜人的飞跃。

香港回归前夕，许多港人对香港前途持悲观心态。1997 年 7 月 2 日，香港回归祖国的第二天，长江集团举行了一个庆祝香港回归祖国的大型酒会，李嘉诚发表了热情洋溢的《合浦珠还长江出海》的讲话。李嘉诚谈及当时的情况颇有感触地说，原来他是不准备在酒会发言的，但当时一些本地、外来员工对香港前途都有顾虑，于是他便即席发表讲话，释除员工的疑虑。

李嘉诚表示，香港回归祖国，是举世瞩目的盛事，值得我们庆祝。很高兴我们都能够见证这个历史性时刻，作为中华民族的一分子，这是很具意义的。李嘉诚当年更预言：

> 本人对祖国及香港前景充满信心，回归后东方之珠更加闪烁璀璨。在"一国两制"及基本法的保证下，香港会继续安定繁荣。……古语尚有一句"无信不立"，相信你们多年来和我共事都深知我对"信"这个字的重视，政策是绝对不会改变的。

李嘉诚却正好相反，抓住机遇大力扩张企业。舆论界对此纷纷赞扬，说"李嘉诚投下香港信心的一票"。中英签署联合声明后，李嘉诚对由1997年7月1日起香港回归祖国后的美好繁荣前景，更加充满信心。十年后回头再看，事实证明了李嘉诚的预见：东方之珠更加闪烁璀璨，香港继续安定繁荣。

1998年对香港来说是艰辛的一年，面对旗下公司业绩大倒退，李嘉诚却另有顾虑。

> 我从未见过香港可能要面对这样长时间的经济低落。一时的经济好坏，我并不担心，我只是担心社会和谐、政策结构正在改变。

2007年，李嘉诚在接受媒体采访时表示：

> 当时，确实有那么一股思潮影响着许多港人。而我的看法则不然，我认为大陆经济急速增长，回归后的香港必将受惠，香港经济前景自然乐观。事实证明，我是对的。
>
> 万变的社会、不变的承诺。邓小平先生以智慧和远见，始创"50年不变"的政策，使我们对香港的未来有持续无尽的希望。今年是香港回归10周年，内地经济在10年间始终保持着强劲的发展势头，这对香港的发展确实起到了很好的带动作用。这是一个无可争议的事实。相信只要全体港人共同努力，与内地携手并进，香港的未来一定更美好。

对于 2008 年发生的全球金融危机，李嘉诚的判断是：

全球经济正面临自 1929 年美国大萧条以来的最大冲击，但美国、英国，以及中国等全球多个国家，已推出多项措施令经济回复正常，除非出现重大不利事件，否则有信心长和两家公司在未来几年，都不会出现亏损。

中国经济将持续发展，在今次金融海啸中会最快复苏；而美国目前失业率高，但政府已注资购买银行的不良资产，相信复苏步伐也不会太迟。

在金融危机之中，李嘉诚依然看好内地经济。李嘉诚解释，中国经济根基深厚，加上中央政府大力投入资金刺激经济及短期内将陆续推行其他促进内部需求的措施，以及维持 8% 左右的国内生产总值增长的决定，中国经济复苏速度将较世界其他国家快，长远宏观状况将维持良好。

李嘉诚指出，香港长远对住屋有需求，加上政府行之有效的土地及房屋政策，有助楼市平稳发展，而内地经济复苏速度较其他国家快，将带动香港经济较快恢复，因此对未来几年香港楼市前景感到乐观。

第 *4* 章

攀登 "香港地王"

——李嘉诚论房地产投资

我自己来讲，做什么业务都要从大处着眼，从小处着手。世界都是这样。价廉物美，物超所值，就是说你做什么事都希望你的是最好的、超值的，但是你的成本是非常低的。这样，你就会成功。这是我个人的看法。

另辟产业，投资地产

李嘉诚在塑胶花领域捷足先登，开拓先河，并一举赢得"塑胶花大王"美誉。按说，轻车熟路、成就全球霸业才是正道。但李嘉诚清醒地认识到，世间万事万物，攀到了巅峰，就必然要走下坡路。塑胶花亦不例外。

于是，当塑胶事业走向顶峰之后，李嘉诚千方百计地寻求新的投资方向。1958 年初春的一个晚上，刚完成一桩生意的李嘉诚怀着好心情，独自一人在驱车前往郊外的路上。这几天，他心里颇不平静。塑胶花的确带来一笔可观的财富，但塑胶花市场还是有限。那么，该从何处着手呢？李嘉诚苦苦思索。忽然间灵光闪现房地产！身为一业之主，李嘉诚也曾不止一次地为厂房伤透脑筋。要找到交通便利、租金适宜的厂房实在是太难了。许多物业商只肯签短期租约，待用户提出续租时，业主又大幅加价。如果自己有一座大厦，不仅工厂自身的问题可以解决，还可以将空余的厂房租出，向土地"赚钱"。这是李嘉诚一直保留的习惯：牢牢抓住每一个灵感，决不让它成为遗憾。

李嘉诚放眼整个香港的商业环境，从香港的特殊环境和社会发展大势中，洞察出了地产的巨大潜质和广阔前景。在今天的香港，拥有百亿身家的财阀，十之八九是地产商或兼营地产的商人。可当时并非如此，大富翁分散在金融、航运、地产、贸易、零售、能源、工业等诸多行业，地产商在富豪家族中并不突出。这同时意味着，房地产不是人人看好的行业。足见李嘉诚确实具有远见卓识。

李嘉诚以独到的慧眼，洞察到地产的巨大潜质和广阔前景。

最明显的现象，是人口的增多和经济的发展。1951 年，香港人口才过

200万，20世纪50年代末，逼近300万。300万人挤在区区1000平方公里的土地上，人口密度平均每平方公里5000余人，是当今世界人口密度最高的地区之一。而且，"三世同堂"的大家庭格局逐渐被抛弃，随着独立的小家庭增多，社会对房子的需求呈直线上升趋势。人口增多，不仅是住宅需求量的增多，因本埠经济的持续发展，急需大量的办公写字楼、商业铺位、工业厂房。香港长期闹房荒，房屋的增加量总是跟不上需求量。

他赞成有人曾指出的"从古至今，以房地产最能保存币值和牟取暴利，尤其在寸土尺金的弹丸之地——香港"。

于是，李嘉诚于1958年在繁盛的工业区北角购地，兴建了一幢12层的工业大厦，正式揭开了进军房地产的序幕。这层工业大厦，李嘉诚留下数层自用，把其余的单位出租。大厦落成后，香港物业价格随即大升。李嘉诚发觉房地产大有可为，于是开始部署把资金投放到地产市场。

李嘉诚虽吃准了房地产的乐观前景，仍采取谨慎入市、稳健发展的方针，他没有走捷径——预售楼花，而是将此作为出租物业。

当时，香港当局实行了高地价政策。一方面大规模填海造地，高价销售；另一方面垄断经营，实施了"价高者得土地"的方针，更加助长了地产业投机活动的狂热发展，"炒"楼风更为盛行，因而造成了地产业随着市场的波动起伏不定。一些人高瞻远瞩，广置地产，把握时机，大发横财；一些人目光短浅，急功近利，下错了赌注，倾家荡产。

李嘉诚也真不愧是一位"商业奇才"，他谙熟地产市场的发展趋势，善于掌握买入和卖出的时机，时而迂回前进，时而单刀直入，因势利导，为公司未来的大发展打开道路。

20世纪60年代中期，由于香港局势的动荡不安，香港的房产业大起大落的情形一直没有缓和，在这个人心浮动、百业萧条的大动荡中，李嘉诚再一次显示出他独具慧眼、远见卓识的才能，他一面稳固大后方"长江工业有限公司"，继续使之在塑胶行业中独占鳌头；一方面，在别人大量抛售房地产的同时，李嘉诚却反其道而行之，将自己所有的资金用来大量收购房地产。

李嘉诚认为土地价格将会有再度回升的一天，于是用低价大量收购地皮

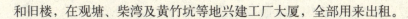

和旧楼，在观塘、柴湾及黄竹坑等地兴建工厂大厦，全部用来出租。

不出三年，果然风暴平息，大批当年离港的商家纷纷回流，房产价格随即急涨。李嘉诚趁机将廉价收购来的房产高价抛售获利，并转购具有发展潜力的楼宇及地皮。这次他的策略是只买不卖，全都用来兴建楼宇。

经过多年投入之后的李嘉诚，于1972年7月31日正式组建了自己的长江实业（集团）有限公司。李嘉诚亲手创建的长江实业（集团）有限公司成立于中国在联合国取得恢复合法地位之后（中国在联合国恢复合法地位的时间是1971年10月25日，北京时间为10月26日上午），在中日建立正常邦交之前（中日建交的《联合声明》发表于1972年10月29日），这是他事业发展的一个大好时机。

1972年，香港地产复苏，股票市场开始狂热，1972年11月1日，"长实"股票在香港证券交易所、远东交易所、金银证券交易所挂牌上市。

李嘉诚将其25%的股票投入股市，从中获利巨大。1975年，"长实"拥有楼宇面积500万平方英尺。随后，世界经济衰退也严重打击香港市场，李嘉诚反而又购入一批地皮。到1978年，他已拥有楼宇面积1500万平方英尺。1981年以后，其建筑楼宇的土地面积又增加2900万平方英尺，李嘉诚成了香港除港府之外最大的土地拥有者。

战胜置地：首先想对方的利益

1969年10月，美国总统尼克松在联合国大会上公开表示：愿与中国谈判。随后私下传话中国，可放松长达20年之久的禁运政策。对此，中国作出相应的反应，于这年12月释放12名在押的美国人。1971年1月，中国邀请美国乒乓球队访华。同年7月，尼克松派基辛格博士访华，与周恩来、毛泽东会面。据传，美国将与中国建立外交关系。这表明，中国将会与美国消除敌对状态，将会有限度地打开国门，香港的转口贸易地位将会进一步加强。香港经济界恢复了对香港前途的信心，百业转旺，对楼宇的需求激增。

1971 年，国际和国内大环境，为香港经济的腾飞带来了宽松的政治气候，从 20 世纪 70 年代起，香港经济由工业化阶段，转入多元化经济阶段。

李嘉诚趁势发展。1971 年 6 月，李嘉诚成立长江地产有限公司，集中物力财力精力发展房地产业。

1972 年，长江实业上市。李嘉诚从长江实业（集团）有限公司成立并发展成为股份制公司的时候起，就下决心要攀登"香港地王"的高峰，并明确地以香港老牌英资素有地王之称的"置地"公司，作为竞争的强大对手和目标。1974 年 5 月，长实在加拿大上市，由于能引进加拿大等外国资金，这就使"长实"得以拥有更雄厚的外来资金，加速了企业资金的周转，有效地促进了生产规模的再扩大，从而大大增强了"长实"的竞争实力。李嘉诚的"长实"，已经在国际金融市场上又跨进了一大步。继之，到了 1976 年，李嘉诚又一次发行股票，让更多的香港投资者也可以拥有"长实"股票，从而使资金基础更牢固。

某日，开完业务会议，他的秘书洪小莲（现为长江实业董事）说："我们将来一定要做成最好的华资地产公司。"李嘉诚却说：

我们要做到能与置地（当时香港实力最雄厚的英资地产商）较量。

李嘉诚话音刚落，股东响起一片嘘声，李嘉诚手下的部门领导则脸呈疑虑。其中一位站起来质疑："与置地等地产公司比，长江还只能算小型公司，如何竞争得过地产巨无霸（置地）？"李嘉诚的宏愿在当时看起来像天方夜谭。

香港置地有限公司是全球三大地产公司之一，在香港处于绝对的霸主地位。其业务范围除地产外，还兼营酒店餐饮、食品销售，其业务范围以香港为基地，辐射亚太 14 个国家和地区。况且，从地盘物业比，拥有 35 万平方英尺（1 平方英尺 =0.0929 平方米）的长江实业集团，如何比得上拥有千余万平方英尺的地王香港置地？但李嘉诚认为：

世界上任何一家大型公司，都是由小到大，从弱到强。赫赫大

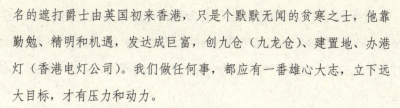

名的遮打爵士由英国初来香港，只是个默默无闻的贫寒之士，他靠勤勉、精明和机遇，发达成巨富，创九仓（九龙仓）、建置地、办港灯（香港电灯公司）。我们做任何事，都应有一番雄心大志，立下远大目标，才有压力和动力。

当然，目前长江的实力，远不可与置地同日而语，但我们可以先学习置地的经营经验，置地能屹立半个多世纪不倒，得益于它的以收租物业为主、发展物业为次的方针。置地不求近利，注重长期投资。今后，长江也将以收租物业为主。

置地的基地在中区，中区的物业已发展到极限，寸金难得寸土，而是寸土尺金。长江的资金储备，自然还不敢到中区去拓展，但我们可以去发展前景大、地价处较低水平的市区边缘和新兴市镇去拓展。待资金雄厚了，再与置地正面交锋。

记得先父生前曾与我谈久盛必衰的道理，我常常以此话去验证世间发生的事，多有验证。久居香港地产巨无霸的置地，近10年来，发展业绩并非尽人意，势头远不及地产后起之秀太古洋行。我们长江，草创时寄人篱下栖身，连借来的资金合计才5万元。物业从无到有，达35万平方英尺。现在我们集中发展房地产，增长速度将会更快。因此，超越置地，是完全有可能的。

当年担任李嘉诚秘书的洪小莲说："没想到，才不过几年，我们真的超越了。"让长实超越置地，拿下香港第一大地产公司的关键战役，是"邮政总局大厦竞标案"。

1975年，香港地铁公司成立。与此同时，李嘉诚密切注意任何跟地铁有关的信息，包括资金来源、行经路线、招标与开发计划等。1977年初，地铁公司宣布邀请地产发展商，竞投中环旧邮政总局地铁站上方的物业发展权，吸引三十家地产集团竞标。其中最被媒体看好的，是英商置地公司。

香港商界流传这一句话："撼山易，撼置地难。"没有人看好长实。

李嘉诚认为，只要周密而谨慎地行事，战胜置地还是很有希望的。

　　李云纬在其著作《李嘉诚：最有价值的商道》中这样记述道："早在1976年下半年，新闻界就在风传香港地铁公司将招标车站上盖发展商的消息。1977年初；这一消息终于得到官方确认，各大地产商无不摩拳擦掌，准备进攻。

　　"中环站是地铁首段终点，位于全港最繁华的银行区。金钟站是穿过海底隧道的第一站，又是港岛东支线的中转站，周围有香港政府公署、最高法院、海军总部、警察总部、红十字总参会、文物馆等著名建筑，附近就是中环银行区。其上盖将可建成地铁全线盈利最丰厚的物业，因此，全港地产商无不垂涎欲滴。

　　"在李嘉诚眼里更看重的还不是上盖发展的利润，而是长实声誉。若一旦中标，则可使长实声誉直线上升，脱颖而出，跻身第一流地产商行列。

　　"而当时在人们的眼里，长实只是一家在偏僻的市区边缘和荒凉的乡村山地买地盖房的地产公司，在寸土寸金、摩天大厦林立的中区，长实根本就没有半砖片瓦，谈何实力强大呢？

　　"李嘉诚涉足地产20春秋，拥有的地盘物业面积已直逼置地，也积累了不少经验，已形成了'农村包围城市'之势。李嘉诚觉得改变形象的时机已经成熟。"

　　因此，他决心挺进中区，与置地展开正面交锋，"最后夺取城市"。

　　与此同时，李嘉诚在想地铁公司这次招标的真正意向是什么？李嘉诚不惜余力四处打探，获悉港府将以估价的原价批给地铁公司。

　　地铁公司与港府多次商榷，意欲用部分现金、部分地铁股票支付购地款合6亿港元，但港府坚持全部要用现金支付。

　　就这样，李嘉诚首先掌握了一点：竞投车站上盖发展权，必须以现金支付为条件。除此之外，透过地铁公司与港府在购地支付问题上的分歧，李嘉诚还看出了地铁公司现金严重匮乏。地铁公司以高息贷款来支付地皮，现在急需现金回流以偿还贷款，并指望获取更大的利润。

　　论资金，他绝不是三十家竞标者中口袋最深者。但其他竞标者多为跨国控股公司的旗下公司。如，此次竞标的最大对手——置地。置地属怡和系，怡和大班又兼置地大班。时任大班是纽璧坚。置地的另一个创始人是凯瑟克家族的杰姆·凯瑟克。凯瑟克家族又是怡和有限公司的第一大股东。因此，纽璧坚身为两局大班，要受股东老板的制约。凯瑟克家族力主把发展重点放到海外。这样，势必分散纽璧坚坐镇香港抉择的精力。

这正是一般不易洞察的置地薄弱之处，人们往往会被置地的"貌似强大"蒙住双眼。

另一方面，其他公司老板私人口袋未必深，就算深也未必愿意拿出来。因此，李嘉诚计算长实可运用资金、银行可动用额度、加上自己口袋里的资金等立即可动用的现金，条件应比同业优越。

有财务做后盾，李嘉诚的竞标书比竞争者更为大胆。李嘉诚在投标书上，提出将两个地盘设计成一流商业综合大厦的发展计划。这仍不足挫败其他竞投对手。任何竞投者，都会想到并有能力兴建高级商厦物业。李嘉诚的"克敌"法是：一、满足地铁公司急需现金的需求，由长江实业公司一方提供现金做建筑费；二、商厦建成后全部出售，利益由地铁公司与长江实业分享，并打破对半分的惯例，地铁公司占51%，长江实业占49%；三、若建置及出售与预期不符，产生亏损，则由长实独力承担；四、允诺地铁建成之日，就是大楼建成之时，绝不延宕。

这对长江来说，是一笔沉重的现金负担。李嘉诚决定破釜沉舟，在准备充分的前提下，做一次冒险。1976年冬，长实通过发行新股，集资1.1亿港元，大通银行应允长实随时取得2亿港元的贷款，再加上年盈利储备，李嘉诚可调动的现金约4亿港元。

1977年1月14日，香港地铁公司正式宣布，中环邮政总局旧址公开接受招标竞投，素有"地产皇帝"之称的置地公司，一度盛传是夺标呼声最高的公司。消息传到长江实业，李嘉诚听后淡淡一笑，说：

传说总是传说，到底名花谁主现在尚无法定论。

在这次"地王"公开招标竞投活动中，香港地下铁路公司先后收到30

个财团以及地产公司的投标申请。

1977 年 4 月 4 日，投标结果公布，长实击败置地，时值约 2.4 亿港元，为 30 个大财团争相竞投的中区地王——旧邮政总局地皮，为长江实业（集团）有限公司投得。隔日，报章以"长实击败置地"、"华人的光荣"为题大幅报道。

20 世纪 70 年代中，长实击败置地，投得地铁公司那块位于中环旧邮政局的地皮。

我有很多合作伙伴，合作后，仍有来往。比如投得地铁公司那块地皮，是因为知道地铁公司需要现金……你要首先想对方的利益：为什么要和你合作？你要说服他，跟自己合作都有钱赚。

战胜置地的第二年 5 月，中环地铁上盖（现环球大厦）卖楼花，29 层商业单位，于 8 小时内全部卖清，账面收益 5.9 亿，打破全港卖楼花纪录。

1979 年，李嘉诚旗下公司所拥有的土地发展至 1450 万平方英尺。从 1958 年到 1978 年，这 20 年的艰辛奋斗，李嘉诚初步实现了超过"置地"的目标。李嘉诚"奇迹般地发展起来"了！

超越置地：屋村计划，扬长避短

1979 年长实拥有地盘物业面积已超过置地，而实际价值却大有逊色。李嘉诚很清醒，置地是中区地产大王，地盘物业皆在寸土寸金的黄金地段。而长实在黄金地段的物业寥寥无几。虽然在面积上看来，长实超过了置地，但在物值上依然相差甚远，要完全战胜置地，还有很长一段路要走。置地的优势，是单位面积的价值高。到 1986 年 1 月，长实市值仅为 77.69 亿港元，远远低于置地的市值（据估计置地市值是 150 亿港元）。

长实虽然在地铁中标，在中区的发展有了一席之地。但是，李嘉诚依然不急于在中区发展，他更看好中区戴九龙尖沙咀以外地界的发展前景。于是他决定独辟蹊径，迂回出击，把发展重心放在土地资源较丰、地价较廉的地区，推出大型屋村计划。

建造屋村有其历史背景。据《李嘉诚全传》一书的记载："1978 年，港府开始推行'居者有其屋'计划，采取半官方的房委会与私营房地产商建房两条腿走路的方针。建成的房分公共住宅楼宇与商业住宅楼宇两种，前者为公建，后者为私建；公房廉价出租或售予低收入者，私房的对象以中高消费家庭为主。

"李嘉诚以开发大型屋村而蜚声港九，20 世纪 80 年代，长江先后完成或进行开发的大型屋村有：黄埔花园、海怡半岛、丽港城、嘉湖山庄。李嘉诚由此赢得'屋村大王'的称号。"

兴建大屋村不难，难就难在获得整幅的大面积地皮。李嘉诚有足够的耐心，他不会坐等机会，他在筹划未来的兴业大计之时，仍保持长实的良好发展势头。

黄埔花园：低潮时补差价

1981 年，李嘉诚就打算推出兴建第一个大型屋村的宏伟计划。1981 年元月，李嘉诚正式入主和记黄埔任董事局主席。李嘉诚收购和记黄埔动机之一，便是土地资源。李嘉诚想将和记黄埔所拥有的大片土地用来建造屋村。

黄埔花园所用的地盘是黄埔船坞旧址。按港府条例，如果要将工业用地改为住宅和商业办公楼用地，就必须补差价。地产高潮时期将工业用地改为住宅和商业用地，需要向政府缴纳大量资金补地价，但是，如果把谈判拖入地产低潮时期，补地价的费用就相对低廉，可以大大降低开发成本。此时正处于地产高潮时期，按当时地价计，该处用地需要补差价 28 亿港元。李嘉诚认为，补差价的话，成本太高了，遂决定暂缓修建黄埔花园计划。他认为以后地价成本可能会降低，而现在时机不够成熟，他决定耐心等待。这是第一个等待。

两年之后，直到 1983 年，地产终于出现低潮，李嘉诚这才正式与港府进行谈判。结果李嘉诚仅以 3.9 亿港元的地价费用便获得该商业住宅开发权。

屋村计划尚未出台，李嘉诚已狠"赚"了一笔。

1984 年 9 月 29 日，中英两国政府签署了《中英联合声明》，香港前景骤然明朗，恒生指数回升，地产市道开始转旺。结合港府"居者有其屋"计划，1984 年底，李嘉诚宣布投资 40 亿港元，正式开始兴建黄埔花园屋村。

李嘉诚与和记黄埔集团共投资数十亿港元兴建黄埔花园屋村。这样宏伟的屋村工程在香港地产业史上是前所未有的，超过政府建的大型屋村，在世界亦属罕见。

据行家估计，整个项目完成以后，李嘉诚及和记黄埔集团获利 60 亿港元。如此高的回报，实属罕见。

两大屋村：迁址换地

丽港城、海怡半岛两大屋村的意愿，萌动于 1978 年李嘉诚着手收购和记黄埔之时。之后，经历了长达 10 年的耐心等待，精心筹划，方于 1988 年推出计划。

1985 年，李嘉诚收购港灯，其实他"醉翁之意不在酒"，他在意的是港灯的地盘。港灯的一家发电厂位于港岛南岸，与之毗邻的是蚬壳石油公司油库，蚬壳另有一座油库在新界观塘茶果岭。李嘉诚收购港灯后，想方设法将电厂迁往南丫岛。这样，李嘉诚运筹帷幄，获得了两处可用于发展大型屋村的地盘。

1988 年 1 月，全系长实、和记黄埔、港灯、嘉宏四公司，向联合船坞公司购入茶果岭油库后，即宣布兴建两座大型屋村，并以 8 亿港元收购太古在该项计划中所占的权益。这样，李嘉诚又获得了两大屋村，两大屋村最后盈利 100 多亿港元。

人们在称道"超人"过人的胆识与气魄之时，无不惊叹他锲而不舍的忍耐力。

天水围：锲而不舍

嘉湖山庄计划的推出，也历经 10 年之久。

嘉湖山原名天水围屋村，1978年，长实与会德丰洋行联合购得天水围的土地。

1979年下半年，中资华润集团等购得其大部分股权，共组公司开发天水围。华润占51%的公司股权，长实只占12.5%。

华润雄心勃勃，计划在15年内建成一座可容纳50万人口的新城市。李嘉诚当时正为收购和记黄埔而殚精竭虑，因此他无暇顾及天水围的开发工作，而整个开发计划，由华润主持。

华润是一间国家外贸部驻港贸易集团公司，缺乏地产发展经验，亦不谙香港游戏规则。结果1982年7月，港府宣布动用22.58亿港元，收回天水围488公顷土地，将其中40公顷作价8亿港元批给华润旗下的巍城公司，规定在12年内，在这40公顷土地上完成价值14.58亿港元以上的建筑，并负责清理318公顷土地交付港府作土地储备。如达不到要求，则土地及8亿港元充公。

华润兴建50万人口的城市的庞大计划胎死腹中，似乎有些心灰。其他股东亦想退出。

李嘉诚看好天水围的前景。经过10年马拉松式的吸股，到1988年，李嘉诚终于控得除华润外的49%的股权。

1988年12月，长实与华润签订协议，长实保证在天水围发展中，华润可获得大量利润。但是风险由长实承担。这时，离政府规定的12年限期已过一半。

李嘉诚表示：

> 有时你看似是一件很吃亏的事，往往会变成非常有利的事。

然而，这么浩大的工程，居然在不到7年时间，于1991年完成了，大概唯有长实具备足够的经验及实力。仅仅第一期售楼，华润就赢得协议范围中的7.52亿港元的利润。在这个计划中，李嘉诚自己大赚特赚，又让陷入绝境的华润集团坐收渔利，等于是挽救了华润，从而为长实集团与中资的关系奠定了良好的基础。

天水围屋村又创下了一项屋村新纪录，直到目前，天水围屋村仍然是香港最大的私人屋村。

20 世纪 80 年代，李嘉诚先后完成或进行开发的大型屋村有：黄埔花园、海怡半岛、丽港城、嘉湖山庄。李嘉诚由此赢得"屋村大王"的称号。李嘉诚名副其实地"十年磨一剑"。

到 1990 年 6 月底，长实市值升至 281.28 亿港元，居香港上市地产公司之首。一直在香港地产业坐大的置地公司以 216.31 亿港元屈居第三位。

至此，李嘉诚彻底战败"地产巨子"置地。

前长江实业执行董事洪小莲慨言，其实香港人居住环境可以在过去 20多年来有长足的改善，房地产发展商也有一定的功劳，但人们只认为他们很轻易便可赚大钱，例如有些人会说嘉湖山庄这么大型的建屋计划，一定令长实赚到盆满钵满，却忽略了该公司众人在背后花了 20 年的心血。1978 年长实购入天水围地皮后，在酒店设宴款待村民的情景，在她脑海中好像刚发生。

东方广场：大处着眼，小处着手

进入 20 世纪 90 年代后，畅饮了零售业头啖汤的李嘉诚将眼光投注到内地正处于襁褓期的地产业之上。

1992 年 6 月，北京市政府放出风声，表示可以考虑与外商合作王府井旧城区改造工程。一时间，香港各大财团蜂拥而至，试图分得一杯羹。

李嘉诚和马来西亚首富郭鹤年和北京市政府迅速签署意向书。签约双方一方是香港嘉里发展公司，另一方是北京东城区房地产公司。双方签署的意向书中并未涉及该项目的地价、投资金额、工期、物业规划等内容，可见合作意向是在匆忙中敲定的，细节有待以后再谈判。李嘉诚正是在 1992 年通过长安街王府井东方广场项目高调杀入内地地产界，当时正是邓小平南方讲话的影响力最深的年份。

　　据《新民晚报》记载："香港是地贵楼贱，内地则相反，据传闻，地价不到 2 亿元。最头痛的应属迁徙原有居民与商家。李嘉诚把这道难题交有关方面做，长实以负担地价和搬迁费为交换条件，由有关方面出面负责原住户和业主搬迁。拆迁势如破竹，岂料斜刺里冒出个钉子户，公然与北京市政府对抗，此乃全球最大最著名的快餐集团麦当劳。王府井分店是该集团最大的一家，两层楼面合 2600 平方米，700 余个座位，每天平均有 1 万人光顾。在开业之初，排队长龙竟有几里之遥，实为全球罕见，其赢利之丰，自不待言。麦当劳自然不愿把这株摇钱树从聚宝盆里连根拔起，扬言要与市府对簿公堂。李嘉诚一直以和为贵，与北京市政府协商，表示只要麦当劳答应迁出王府井，日后东方广场将留下一个比现在面积更大的铺位给予麦当劳。北京市政府重新与麦当劳谈判，提出更优厚的条件，批准麦当劳在北京多开若干分店。条件如此优厚，麦当劳表示同意搬迁。"

　　这块地似乎已成了李家大院的池中之物了。然而，形势却在时刻变化着。

　　自 1992 年开始，全国房地产价格放开，大量政府审批权力下放，金融机构开始发放房地产开发贷款，"房地产热"开始酝酿。在地产热度不断升温之下，新生的混乱也毫无保留地开始体现在地产业。

　　1993 年，因经济发展过热，中共中央政府决定加强宏观调控，压缩基本建设规模。面对艰难的谈判，郭鹤年知难而退。然而李嘉诚凭借着其过人的谈判智慧，使得该项目于 1993 年间就全部获得市政府的批准。该建筑被正式定名为东方广场。

　　李嘉诚最初向北京政府提出这项投资时，很多官员都表示赞成，因为广场的兴建对北京的长远发展有利。计划中的物业规模庞大，也是中国建筑物历史中的创举，足令所有中国人自豪。

　　原以为一切都可照计划进行，谁知遇上重重波折，工程被迫一拖再拖。由于兴建工程延误，促使投资额不断上升，成为国内外关注的焦点。

　　李嘉诚投资在北京王府井地盘上修建的东方广场，计划中的高度为 70 米。在这么高的建筑上，不仅可以俯视故宫，还能将中南海的全景尽收眼底。对于李嘉诚来说，这个高度根本算不了什么，因为在香港低于 100 米的建筑都不能称作摩天大厦；但问题在于东方广场是修建在北京而不是香港，早在王府井旧城改造计划出炉之初，就有很多市民对此议论纷纷。大家都很担心，这么庞大的现代建筑会破坏北京人文景观和历史特色。

因此，计划中的东方广场，总面积约 6.5 万平方米，占地 12 万平方米，楼层总面积为 25 万平方米，原定工期 4 年，于 1997 年完工。看来这个计划是实现不了了。

国务院批复的《北京城市总体规划》中明确规定："长安街、前门大街西侧和二环路内侧及部分干道的沿街地段，允许建部分高层建筑，建筑高度一般控制在 30 米以下，个别地区控制在 45 米以下。"

然而，东方广场大厦在"30 米以下"的建筑高度区内，却拟建 70 余米高，显然不符合要求。

除此以外，东方广场的土地面积比率超出城市规划要求的 7 倍，所以这幢大厦不仅是过高了，而且过大了。

为此，专家们大声疾呼，联名上书中央要求依法调整东方广场工程方案。

由于各方面的原因，东方广场于 1995 年新年过后被勒令停工。

李嘉诚明白，在大是大非的原则性问题上，中国政府是不会做出半点让步的。但他又知道，在不违背原则的前提下，又不是不可变通的。于是，长实主动与北京有关部门协商修改方案，使项目不致胎死腹中。尽管这样会使东方广场计划遭受一点损失，但绝对不会亏本，只不过是少赚一点罢了。

1996 年底，在李嘉诚的努力斡旋下，停工达一年的东方广场工程出现了转机。工程方案得到了国务院的批准。因地制宜，正是港商一直以来的成功之道。对于如何平衡社会责任与获取商业利益，李嘉诚在 2006 年曾表示：

> 正正当当做一个商人是不容易的，因为竞争越来越大。如果个人没有原则，从一个不正当的途径去发展，有的时候你可以侥幸赚一笔大钱，但是来得容易，去得也容易，同时后患无穷。

李嘉诚强调，"知止"非常重要。

其实，李嘉诚早就对此胸有成竹，他分析过：香港和内地的土地价格有着天壤之别，香港地价极高，最高的地价与房价相比是 10:1，而在内地这个比例则要倒过来算。

在建北京东方广场的时候，李嘉诚甚至对建东方广场的每一块大理石都亲自过问。有媒体问："对于你管理的这么一个大型企业，在 52 个国家有 20 多万员工，你又是从最底层开始创业的，那么在这个过程中间，你是怎么样处理微观和宏观、细节和大局这样一个关系的呢？"李嘉诚表示：

我们在地产方面的发展，以金钱来算，东方广场不算最大，还有很多比它大。从来都是我的同事负责，去看过地盘，有很多比东方广场的投资数字更大的，我从来都还没有去看过，从开始到完工我都没有去看过。当然，我每个礼拜都跟他们（负责东方广场项目的人员）开会。

东方广场为什么我这么留意啦？第一个原因：东方广场这个规模是在亚洲可以说是最大的。它有 70 万平方米，不计算停车场等在内，加上的话差不多达到 80 万平方米。这是在世界来讲都是一个大的 Project。因此受到广泛关注。另外，自己是中国人，也是自己最宏大的建筑，所以我联合其他合作伙伴，一定要把它做好。第二个原因：quality control（质量控制）。你可以看到，很多大厦它说左边跟右边的是同一样颜色的，但是，你自己亲眼看看，两个颜色是不同的，这些情况都有。但是东方广场我们是从开矿开始，我自己就当 Project Designer，当它建好之后我就让其他同志去负责了。我们这个项目采用的大理石应该是同一颜色的。大理石从开矿开始我们就在那边注意和挑选，一定要全部统一的颜色。我们有标准的颜色，一定要百分之一百一样才可以运到这个工地来。工地还要监工，我不是天天去监工，我只是突击检查。有一天，我坐在东方广场的对面两三个小时，一动不动，就用望远镜来看整个大厦，结果我是满意的。但是对于东方广场，是感情多于这个商业的。所以我就觉得，除了赚钱之外，人是要有气质的。气质也可以说中国人是讲的"顶天立地"。

至于微观与宏观，我个人的经验来讲，做生意的时候，做决定应付一件大的事业的时候，你一定要宏观。你要看看你的业务在今天、在未来的这个潜力怎么样，竞争对手是怎么样。然后你决定是不是一定要去做。但是每天做的事，你一定要微观，就是非常仔细地看看你做的事有什么问题、世界有什么新的变化，因为世界有什么变化，你比如平常这个行业是非常好的，今天也是非常好，因为你老早都知道它是好的，但是人家就偏爱这边一点点、那边一点点，那么你就需要一个度数，360度之中可能你在某一条就需要微调一两度，那么这个就是微观。

我自己来讲，做什么业务都要从大处着眼，从小处着手。世界都是这样。价廉物美，物超所值，就是说你做什么事都希望你的是最好的、超值的，但是你的成本是非常低的。这样，你就会成功。这是我个人的看法。

东方广场一波三折，几起几伏，但总算大功告成了。1999年国庆50周年前夕，东方广场宣告全部竣工。东方广场隆重向共和国献礼开业。整个项目包括酒店、写字楼、商务公寓及商场等。当江泽民主席以矫健的步伐登上东方广场的台阶时，他说："李（嘉诚）先生是一个真正的爱国者。"

从以上的一波三折看，内地的投资环境在当时还不十分成熟，李嘉诚当初迟迟不肯大量投资内地，是有其相当道理的。

第5章

商业成就：与股市密不可分

——李嘉诚论股市融资

李嘉诚全身心地投入到了股市，并且长实在香港和地产业蓬勃发展时上市挂牌，时机选择恰到好处，公众反应异常热烈。1972年11月1日，李嘉诚的长江实业（集团）有限公司获准在香港远东交易所、金银证券交易所和香港证券交易所挂牌上市。法定股本2亿港元，实收资本8400万元，分为4200万股，每股2元，升水1元，以每股3元价格公开发售。

发迹：与股市密不可分

1957年初的一天，李嘉诚阅读新一期的英文版《现代塑胶》杂志，偶然看到一小段消息，说意大利一家公司利用塑胶原料制造塑胶花，全面倾销欧美市场，这给了李嘉诚很大灵感。他敏锐地意识到，这类价廉物美的装饰品有着极大的市场潜力，而香港有大量廉价勤快的劳工正好用来从事塑胶花生产。他预测塑胶花也会在香港流行。李嘉诚抓紧时机，亲自带人赴意大利的塑胶厂去"学艺"。

他赴意大利考察塑胶花，同时对欧洲的企业结构和管理方式抱有浓厚的兴趣。他深知私家企业财力单薄，发展缓慢。他看好股份制企业，他决定分两步走。第一步，组建合伙性的有限公司；第二步，发展到相当规模时，申请上市，成为公众性的有限公司。

1957年岁尾，长江塑胶厂改名为长江工业有限公司。这种公司的性质是有限责任，其中股东的责任和权利一样，仅限于各自所认定的出资额，而且当时股东人数不多，彼此之间非常熟悉，具有非公开性的特点。公司总部由新莆岗搬到北角，李嘉诚任董事长兼总经理。厂房分为两处，一处仍生产塑胶玩具，另一处生产塑胶花。李嘉诚把塑胶花作为重点产品。

当时李嘉诚看准蓬勃发展的地产高潮，在现有的地盘上大兴土木。楼宇未等建成就有用户上门求租。他获得租金后，又继续投入兴建楼宇。

尽管如此，李嘉诚仍觉得发展太慢，深感资金不足。快捷而有效的途径，是将公司上市，使之成为公众持股的有限公司，利用股市大规模筹集社会游散资金。

　　李嘉诚决定让其公司上市，也是有着当时证券市场的历史性转变的原因。这里有必要来介绍一下，香港证券市场在当时的转变过程及其为李嘉诚上市提供的有利条件。

　　1921年，香港证券经纪协会成立。1947年证券所与香港证券经纪协会合并成为香港证券有限公司。当时的香港证券交易所（俗称香港会）主要由英国人管理，上市公司也多属英资企业。股票市场对众多上市的华资企业来说，是可望而不可及。香港会的上市条件之苛刻，使不少条件具备的华资大企业，长期被拒之门外。

　　李锴先生在其著作中介绍："香港正式的股票市场活动早在1891年就已经开始。但股票市场成为企业筹资的重要渠道，则是1969年前后的事。股票市场真正形成规模更是在20世纪70年代以后……

　　"在1969年以前，香港股市规模停滞不前，其原因主要有下面几点：第一，由于与祖国大陆的特殊关系，祖国大陆政治的任何波动都会不同程度地影响香港前途；第二，与香港证券市场相比，海外市场能为香港投资者提供更多的便利条件，至少，海外证券市场的投资工具比香港市场要丰富些；第三，1961年以后，银行业的激烈竞争，相对削弱了股票的吸引力（注：贷款较易）。

　　"另外，在未有其他交易所成立之前（1969年之前），香港所有股票买卖活动均通过香港证券交易所（俗称香港会）进行。当时香港会的会员大部分为外籍人士及通晓英语的高级华人而上市公司则主要为外资大银行，股市为香港本地工商企业集资功能并未发挥出来。"

　　1969年至1972年间，香港设立了远东交易所、金银证券交易所、九龙证券交易所，加上原来的香港证券交易所，形成了四间交易所鼎足而立的局面。同年9月20日获得国际交易所联合会会员的资格，使香港上市的股票成为国际承认的有价证券。至此，香港获得了"国际金融中心"的头衔，成为仅次于伦敦和纽约之后的第三大国际银行业中心。香港股市"四会"并存的格局，从而使公司上市变得容易，为上市公司集资提供了更多的场所，大大刺激了投资者对股票的兴趣。股市成交活跃，恒生指数攀升到1971年底收市的 341 点。低迷多年的香港股市大牛出世，一派兴旺。

马克思曾在其著作中这样写道：资本集中的两种方式是"通过强制的道路进行吞并和通过建立股份公司这一比较平滑的办法"；其中前一种方式是指企业并购，后一种方式是指股份制。通过这种办法可以快速积累巨额资本。马克思说："假如必须等待积累再使某些单个资本增长到能够修建铁路的程度，那么恐怕直到今天世界上还没有铁路，但是，集中通过股份公司转瞬之间就把这件事完成了。"

事实上，香港任何一个成功的大公司，都是借助股票市场向社会筹集资金，扩大再生产，并通过股票上市，使该公司与社会各阶层人士发生广泛、密切的联系。这几乎是每一个公司赖以生存和发展的必由之路。也是他们之所以能够取得成功的"捷径"之一。

在 1972 年至 1973 年短短的 2 年间，香港有 119 家公司上市，1973 年底上市公司数量达到 296 家。

1972 年 7 月 31 日，李嘉诚决定将长江地产有限公司改名为长江实业（集团）有限公司（简称长实），并于同年向远东交易所、金银证券交易所及香港证券所申请股票上市。这不能不说是李嘉诚整个创业生涯中一个至关重要的大决策之一。长实自从上市那天起，股市便成了李嘉诚重要的活动领域，他日后的许多震惊香港的大事，都是借助股市进行的。

李嘉诚全身心地投入到了股市，并且长实在香港和地产业蓬勃发展时上市挂牌，时机选择恰到好处，公众反应异常热烈。1972 年 11 月 1 日，李嘉诚的长江实业（集团）有限公司获准在香港远东交易所、金银证券交易所和香港证券交易所挂牌上市。法定股本 2 亿港元，实收资本 8400 万元，分为 4200 万股，每股 2 元，升水 1 元，以每股 3 元价格公开发售。由宝源投资公司及获多利公司包销。上市后 24 小时不到，股票就升值一倍多。"僧多粥少"，认购额竟超过发行额的 65.4 倍，包销商不得不采取抽签的办法，来决定谁是长实的公众股东，落选者一律退回现金。这种状况在香港实属罕见。"长实"的出现与股票上市，被当年的舆论界称誉为"地产界升起一颗光芒四射的新星"！ 1973 年度长实取得纯利润 4370 万元，比上市时的预测超过

89

250%。

李嘉诚还积极争取海外的第二上市地位。当时香港最著名的证券公司，是冯景禧创办的新鸿基证券投资公司。由新鸿基牵线搭桥，英国证券公司为财务顾问与包销商，长江实业于 1973 年年初在伦敦股市挂牌上市。自从在伦敦挂牌之后，买盘纷至沓来，受到了英国投资人的热烈欢迎，纷纷加入其中。香港作为英殖民地，香港注册的公司在伦敦上市，并不稀奇。令人瞩目的是长实首开香港股票在加拿大挂牌买卖之先河。

1974 年 5 月，长实又与加拿大帝国商业银行合作成立了"加拿大怡东财务有限公司"，这次建立的联营公司，是长实发展途中一个新的里程碑，从此它可以大量利用加拿大外资，来帮助自己周转生产资金。

1974 年 5 月，长实与实力雄厚、信誉卓著的加拿大帝国商业银行合作，成立怡东财务有限公司，李嘉诚任这家公司的董事长兼总经理。同年 6 月，在加拿大帝国商业银行的力促下，长实股票在加拿大温哥华上市。此举首开香港股票在加拿大上市的先河。这标志着长实向国际金融市场又迈进了一大步。这为今后长实引进外资和拓展海外业务，打下了基础。

李嘉诚全方位在本港和海外股市集资，为长实的拓展提供了厚实的资金基础。长实上市，是李嘉诚事业的一次大飞跃。上市之后，他稳扎稳打，步步为营。

事实上，李嘉诚之所以取得日后辉煌的商业成就，是与股市密不可分的。可以这样说，李嘉诚的发迹史就是一部借助股市急剧膨胀的历史。当然，这需要过人的胆识和超人的智慧。

早在 2001 年，在北京出席某会议时，李嘉诚就有所表示，有对于在内地资本市场上融资的打算。虽然当时国家对外企在内地证券市场上市的问题还没有相关政策出台，但像长和系这样的企业，却是一直在等待和努力。

借股市高位：发售新股

香港经济中一向有一种特殊的现象——"股拉地扯"，就是股市与楼市的联动。也就是，房地产商纷纷上市，到股市融资，以募集资金四处圈地，造成地价不断上涨，而高价圈来的地也直接反映在房地产商的市值上，然后房地产商不断在资本市场上增发新股再融资，形成"良性互动"；而在销售市场，高地价"暗示"并推动现售房价的上涨，房地产商赚取巨额利润，推动股价进一步上涨。

20 世纪 60 年代末期到 70 年代初期，新股上市的热浪一阵高过一阵，许多人纷纷卖掉首饰、家产、店铺、土地，甚至有的地产公司将建造楼宇的资金也投入股市。恒生指数也升至 1170 点的历史新高。被称为"股市浪潮中掌舵的老手"的李嘉诚在 1972 年 10 月趁股市处于高位之机，将长江实业挂牌上市，吸纳资金，并将其投放到大量物业的低价收购上。

1973 年，长实发行新股 110 万股，筹得 1590 万港元，收购了"泰伟有限公司"。该公司的主要资产是位于官塘的商业大厦——中汇大厦，每年长实赢得 120 ~ 130 万港元租金收入（地产复苏后，年租迅速递增到 500 万港元以上）。上市之时，李嘉诚预计第一个财政年度盈利 1250 万港元。结果，长实的年纯利为 4370 万港元，是预计盈利额的 3 倍多。

1974 年年底，长实发行 1700 万股新股票，用以购买"都市地产投资有限公司"50% 股权。实际上，是以 1700 万股长实新股，换取其励精大厦和环球大厦。两座商业大厦，租金收入每年达 800 ~ 900 万港元。若不是地产低潮，都市地产发生财政危机，李嘉诚绝不可能这么轻易得手。

1975 年 3 月，股市跌后初愈，开始缓慢回升，深受股灾之害的投资者仍"谈股色变"，视股票为洪水猛兽。就在这个时期，眼光独到的李嘉诚，依据当时低迷不起的市价，每股作价 3.4 港元，由长实发行 2000 万新股予他本人。李嘉诚宣布放弃两年的股息，既讨了股东的欢心，又为自己赢得实利——股市渐旺，升市一直持续到 1982 年香港信心危机爆发前。长实股价升幅惊人，李嘉诚赢得的实利远胜于当年牺牲的股息，这就是"低进"。

1974 年到 1975 年间，李嘉诚两次发行新股共筹得资金约 1.8 亿港元。另外，李嘉诚从个人持有的长实股份中，拨出 2000 万股，售予获多利公司，套取了 6800 万港元现金。经过这一系列活动，李嘉诚积聚了充裕的资金，使他得以在地产低潮地价偏低时，大量购入地盘。

据《新财富》记载："1997 年亚洲金融风暴之前，香港恒生指数涨幅高达 89.5%；而且自 1995 年第四季度起，香港地产市道也从谷底迅速回升，房价几乎每天都创出新高，中原地产指数 12 个月内升幅逾 50%。在股价和房价高涨的情况下，长实于 1996 年实施了 9 年来的首次股本融资，募集资金 51.54 亿港元。此外，长实还通过附属子公司向少数股东大量发行股份的方式，募集资金 41.78 亿元。"

2002 年 5 月 12 日，长江实业宣布，已于 5 月 10 日向香港联交所正式申请分拆旗下生化科技业务——长江生命科技集团（长科），于创业板独立上市。Tom.com 与此次长科的分拆上市，遵循的却是另外一种资本轨迹：在新兴产业备受憧憬时，先把李嘉诚概念和高科技概念高价"卖"一回，通过高估值发行新股和上市，坐拥强大的资金实力，占领产业的制高点，再从容规划，大手笔投入好的项目或是选择合适的对象进行收购。

私有化：增值为本

作为一个上市公司必须按上市公司规则运作，接受证交所和证监会的管理及监督，向证交所提交由独立会计师审计的财务报表。上市公司的公众股东公开，重大决策，必须经董事局甚至股东大会通过……这些规则，在相当程度上束缚了企业大股东和经营者的手脚，是他们所不希望的。

私有化是一个专有名词，即改变原有上市公司的公众性质，使之成为一间私有公司。按证券条例，公司上市必须拨出 25% 以上的股份挂牌向公众发售，即使是一间家族性的上市公司，本质上也是公众公司。

公司上市、收购公司以及供股集资，都是"进取"，将公司私有化，取消其挂牌的上市地位，即是"淡出"。"淡出"也是收购，即大股东向小股东收购该公司股票，使其成为大股东的全资公司。

在我国，企业争取到一个上市名额是非常困难的事情，辛辛苦苦上市了，又干吗要申请除牌呢？其实，私有化与上市集资都是公司理财的策略，对于进行私有化的大股东来说，私有化有许多好处：

1.在公司股价较低时，为防止他人恶意收购，于是考虑自己购回。同时，一些公司会考虑在股市转旺时，再重新申请上市，可以赚到可观的差价。

2.上市公司因为股权分散，因此容易受小股东牵制。同时上市公司的业务是透明的，其目的是为了获得公众监督。自然，当私有化之后，公司就可以不用受到股东的限制，决策大权集中，经营效率也会大大提高。这也是一些公司不愿意上市的原因。

以上原因，使得私有化在金融市场发达的国家和地区十分活跃。总而言之，私有化目的就是为了增值。

当然，私有化也有其缺点，那就是取消挂牌后的私有公司，不再具有以小搏大、以少控多的优势。李嘉诚所控的长实集团够庞大了，其已拥有多间巨型上市公司，足以完成集资的任务。李嘉诚正是为了恢复不受众股东和证监会制约监督，因此，先后决定把国际城市、青洲英坭、嘉宏国际私有化。

李嘉诚对香港上市公司私有化问题的说法为：

> 私有化这问题，最容易就是宣布将公司结束，这样就最简单。将一间公司估值几多便把它结束，否则私有化以后在香港只是一个名词。只要有任何人去搞事，私有化绝对没有可能成功。

至于私有化法规方面，李嘉诚是这样说的：

> 现在香港好多法律，有些跟英国，有些就跟美国，有些法律美

国改了，我们香港都未改。无论哪个国家、哪个地方，难免会有些法律错或不合理的，应慢慢去更改。

李嘉诚又说：

我现在并不是讲某间公司，而是从整个大问题去看。如果今日想私有化，你要全部百分百的股东没有与你过不去。只要有些与你过不去，你就不用希望私有化能够成功，最好办法是结束公司，结束了就没有事，但这就劳民伤财。

李嘉诚称，集团系内很多上市公司，但要在香港进行私有化相当困难，兼劳民伤财。他认为，若要私有化，倒不如宣布将公司结束。

李嘉诚实施私有化，也是看时机而动。一方面他能够不损害自己这种大股东的利益，同时又能照顾小股东的利益，不会引起他们的怨声载道。

李嘉诚总共进行过五次私有化的操作。

第一次：国际城市

国际城市是李嘉诚私有化的第一次尝试。1984 年中英就香港前途问题草签后，香港投资气候转晴，股市开始上扬。当年 10 月，李嘉诚宣布将国际城市有限公司私有化，每股出价 1.1 元，较市价高出一成，亦较该公司上市时发售价高出 0.1 元。李嘉诚这个价格自然让小股东们大喜过望，纷纷接受收购。在牛市之时，付出了较高的收购价格，针对这种状况，有些人还以为李嘉诚看走了眼，没有抓住实行私有化最有利的时机。但是，李嘉诚说：

我们不是没想过借熊退市，但趁淡市以太低的价钱收购，对小股东来说不公平。

如此做，李嘉诚是为了照顾小股东的利益。

当时的分析是，国际城市发展的城市花园项目已经完成，倘要再发展其他项目，则需购入土地，李嘉诚为避免国际城市与旗舰企业长江实业重叠，于是将其私有化。

第二次：青洲英坭

青洲英坭私有化是重新包装上市的一个典型例子。

青洲英坭（集团）有限公司 [Green Island Cement (Holdings) Limited]——长江基建旗下公司，前香港上市公司，创办于1887年澳门青洲，在香港及华南从事水泥及混凝土制造，此外在东南亚则经营矿务。

20世纪80年代初青洲英坭还拥有80万平方英尺的临海土地，这两点对当时进军房地产的李嘉诚具有相当大的吸引力。随后他迅速出手，成功地购入该公司达36%的股份，入主董事局并成为主席。接着长江实业与青洲英坭达成协议，开始合作发展青洲英坭所拥有的诸多土地。直至1988年10月，长江实业宣布以20元一股的价格进行全面收购，将青洲英坭私有化。

当时长江实业持有44.6%股权，收购价按市价17.7元有溢价13%，涉及资金11.23亿港元。自然让小股东们笑逐颜开。收购过程进展顺利，至同年12月30日截止收购，最后长江实业已购得9成半股权，并以强制收购完成私有化及除牌。当初全资控有的青洲英坭是长实系的全资附属上市公司，现在申请摘牌，就变成长实旗下的私有公司了。青洲英坭私有化不久，李嘉诚又将其业务整顿后注入其他业务并重新上市，这就是后来的长江基建。

第三次：嘉宏国际

嘉宏国际是李嘉诚私有化运作的第三家上市公司。嘉宏是长实系四大上市公司之一，综合资产净值为44.57亿港元。在全面收购前，市值为155.09亿港元。在收购的时候，是一波三折，从1991年2月到1992年5月，经过了一年多的时间才得以收购。

1991年2月4日，长实决定以每股4.1港元的价格收购嘉宏，宣布将嘉宏私有化。这个收购价比市价溢价7.2%，低于全面收购国际城市和青洲英坭的溢价。计划一出，就引来纷纷议论。李嘉诚解释说，主要是考虑到嘉宏盈利能力有限，而且其业务与长实、和记黄埔重叠，同时他又声称不会提高收购价格，如有人肯出 5 港元的收购价，他会考虑出售。

《李嘉诚全传》对于当时的情景有着这样的记载："证券界认为市场投入 40 多亿资金，将会对 1989 年北京政治风波后香港股市的萧条带来刺激，有助于股市的复苏。嘉宏资产估值在每股 5 ~ 6 元的水平，和黄开价 4.1 元折让一成多收购，显然是肥了大股东，而损了小股东。

"李嘉诚解释嘉宏盈利前景有限，应该是事实。但在 4 月 10 日嘉宏股东会议上，小股东质询：嘉宏 1990 财政年度业绩在（1991 年）3 月 8 日公布时，盈利状况甚佳，13.16 亿港元年盈利比上一年增幅达 29%。另外，嘉宏所控的港灯市值连月上升，也会造成嘉宏资产值增高，这都有益于嘉宏的发展。

"小股东纷纷质疑，并表示反对，嘉宏私有化建议在一片鼓噪声中以不足 1/4 的支持而胎死腹中。"

按规定，私有化失败之后，一年之内不得再提私有化建议，李嘉诚只好耐心等待。一年后，和记黄埔再次出手。1992 年 7 月 10 日，嘉宏股东会议通过了私有化建议，赞成的人数比例达 96.7%。最后和记黄埔以 5.5 元收购小股东 36.6% 股权，共动用资金 50.84 亿港元。当日，嘉宏收市价 5.4 元，升 0.05 元，和记黄埔 17.40 元，升 0.2 元。

分析者后来认为，嘉宏国际资产净值高出收购价不少是和记黄埔私有化的关键所在，事实上还是一种逢低吸纳的方法，简化机构等原因只是一个借口而已。

第四次：和记环球

购回和记环球股权一役，让李嘉诚"增值为本"理念再次得到成功演绎。

和记环球电讯的前身是中联系统，是和记黄埔的联营公司。2004 年 1 月，中联系统以港币 71 亿元收购和记环球电讯全部股份，其中港币 39 亿元以中联系统新股（发行价每股港币八角），而另外的港币 32 亿元则以可换股票据（换股价每股港币九角六仙）支付。另外，中联系统同时向长实和中电控股

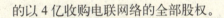

的以 4 亿收购电联网络的全部股权。

2004 年 4 月，中联系统更名为和记环球电讯，有投资者憧憬和记环球电讯会注入更多电讯业务，但有关憧憬最终没有实现。

2005 年 6 月 29 日，和记环球电讯（香港交易所代码：0757）的少数股东批准了和记电讯国际 24 亿港元的收购请求，这标志着和记环球电讯仅上市 14 个月就又变成了一家私营公司。2005 年 7 月 12 日，私有化和记环球电讯的计划获最高法院批准。和记环球的进退成为李嘉诚长和系的第四次私有化操作。

"将资产上市的原因，一方面是可通过资本市场融资，另一方面是为让公众投资者分享资产成长带来的好处。但是这两项对当时的和记环球来说均不成立，和记环球上市的理由变得不够充分。"荷兰银行董事李杰（Richard Griffiths）在接受《财经》采访时说道，"投资者更喜欢简洁和有重点的东西。"和电国际上市之后，需要精简上市公司架构。私有化由此成为水到渠成的选择。

2005 年 5 月 4 日，和记黄埔旗下的和记电讯国际宣布对和记环球电讯实行私有化，当时联合公告称，和记电讯将以每股 0.65 港元收购和记环球（较前一收市价 0.475 港元溢价 36.84%）其他股东全部股份，或以 2 股和记电讯（收市价 7.4 港元）换购 21 股和记环球股份进行交易。

在和记环球私有化一役中，荷兰银行担纲和电国际财务顾问。荷兰银行副董事长欧达熙（Richard Orders）在接受《财经》采访时说道："私有化成功的关键，就是对市场时机的选择和把握。私有化是一个有取有予的过程。对于和电国际来说，私有化可以产生协同效应；对于和记环球的小股东来说，和电国际提出的收购价要有足够吸引力。当所有这些信息都汇总到一起，我们发现对参与各方都有利的时候，私有化的机会就出现了。"

2009 年，和记电讯国际分拆香港及澳门电讯业务重新上市，新公司名为和记电讯香港控股，和记环球电讯的拥有权亦由和记电讯国际转移至和记电讯香港控股。

第五次：TOM 在线

2007 年 9 月 6 日，TOM 在线成为第一只从纳斯达克退市的中国互联网概念股，而三天前，它也已在香港股市淡出。伴随 TOM 在线的资本退市行为，这家公众公司已彻底私有化。

TOM 集团表示，TOM 在线自 2004 年 3 月首次公开售股以来，已经成为领先的无线增值服务商之一，其无线增值服务已经占到公司总收入的 90% 以上。

但是由于中国移动推出多项相关政策，尤其是 2006 年 7 月 7 日推出的二次确认、首月服务免费等政策，已经影响到 TOM 在线短期业务前景。截至 2006 年 9 月 30 日，TOM 在线净利润及净收入已同比减少 15% 及 59%。

纳斯达克买的是成长性。虽然 TOM 在线在内地移动增值服务上，市场占有率牢居第一，而且较第二名高出 50% 以上，但是仍然无法增加投资者信心，股价一跌再跌。正是源于资本的现实法则，TOM 在线走向退市。私有化后，TOM 在线在作长远的投资决定时，无需再因其独立上市地位而承受短期压力。

TOM 在线私有化实际上是一种以退为进的策略，TOM 集团今天能让 TOM 在线下市，明天就能再包装出一个新的概念重新上市。TOM 在线 CEO 王雷雷表示，退市之后 TOM 在线旗下四大业务将分拆独立运营，包括门户、无线、语音服务和电子商务，四项业务互相补充和支持。这通常也被看做 TOM 在线转型的开始。

在私有化的操作上李嘉诚的长和系不乏运作经验，有的操作很顺利如国际城市、青洲英坭，有的也费了不少周折如嘉宏国际，但归根结底最后都达到了私有化的目的，当然也许私有化本身不是目的，业务重组，二次包装上市或是其他更高层的战略可能才是最终的目标。

相关链接

巴菲特投资语录

◆ 投资成功的关键是在一家好公司的市场价格相对于它的内在商业价值大打折扣时买入其股份。内在价值是一个非常重要的概念，它为评估投资和企业的相对吸引力提供了唯一的逻辑手段。内在价值的定义很简单。它是一家企业在其余下的寿命史中可以产生的现金的折现值。

◆ 如果我们有坚定的长期投资期望，那么短期的价格波动对我们来说就毫无意义，除非它们能够让我们有机会以更便宜的价格增加股份。

◆ 希望你不要认为自己拥有的股票仅仅是一纸价格每天都在变动的凭证，而且一旦某种经济事件或政治事件使你紧张不安就会成为你抛售的候选对象。相反，我希望你将自己想象成为公司的所有者之一，对这家企业你愿意无限期的投资，就像你与家庭中的其他成员合伙拥有的一个农场或一套公寓。

◆ 我们的投资方式只是与我们的个性及我们想要的生活方式相适应，为了这个原因，我们宁愿与我们非常喜欢与敬重的人联手获得回报 X，也不愿意通过那些令人乏味或讨厌的人改变这些关系而实现 110% 的 X。

◆ 我认为投资专业的学生只需要两门教授得当的课堂——如何评估一家公司，以及如何考虑市场价格。

◆ 必须要忍受偏离你的指导方针的诱惑。如何你不愿意拥有一家公司十年，那就不要考虑拥有它十分钟。

◆ 我们欢迎市场下跌，因为它使我们能以新的、令人感到恐慌的便宜价格拣到更多的股票。

◆ 恐惧和贪婪这两种传染性极强的灾难的偶然爆发会永远在投资界出现。这些流行病的发作时间难以预料，由它们引起的市场精神错乱无论是持续时间还是传染程度同样难以预料。因此我们永远无法预测任何一种灾难的降临或离开，我们的目标应该是适当的。我们只是要在别人贪婪时恐惧，而在别人恐惧时贪婪。

◆ 我们的目标是使我们持股合伙人的利润来自公司，而不是其他共有者的愚蠢行为。

◆ 投资者应考虑企业的长期发展，而不是股票市场的短期前景。价格最终将取决于未来的收益。在投资过程中如同棒球运动中那样，要想让记分牌不断翻滚，你就必须盯着球场而不是记分牌。

◆ 价格是你所付出去的，价值是你所得到的，评估一家企业的价值部分是艺术部分是科学。

◆ 巨大的投资机会来自优秀的公司被不寻常的环境所困，这时会导致这些公司的股票被错误地低估。

◆ 理解会计报表的基本组成是一种自卫的方式。当经理们想要向你解释清企业的实际情况时，可以通过会计报表的规定来进行。但不幸的是，当他们想要耍花招时（起码在部分行业）同样也能通过会计报表的规定来进行。如果你不能识别出其中的区别，你就不必在资产选择行业做下去了。

◆ 如何决定一家企业的价值呢？——做许多阅读。我阅读所注意的公司的年度报告，同时我也阅读它的竞争对手的年度报告。

◆ 每次我读到某家公司削减成本的计划书时，我都想到这并不是一家真正懂得成本为何物的公司，短期内毕其功于一役的做法在削减成本领域是不起作用的，一位真正出色的经理不会在早晨醒来之后说今天是我打算削减成本的日子，就像他不会在一觉醒来后决定进行呼吸一样。

◆ 利用市场的愚蠢，进行有规律的投资。

◆ 买价决定报酬率的高低，即使是长线投资也是如此。

◆ 利润的复合增长与交易费用、避税使投资人受益无穷。

◆ 价值型与成长型的投资理念是相通的。价值是一项投资未来现金流量的折现值；而成长只是用来决定价值的预测过程。

◆ 投资人财务上的成功与他对投资企业的了解程度成正比。

◆ 不理会股市的涨跌，不担心经济情势的变化，不相信任何预测，不接受任何内幕消息，只注意两点：A. 买什么股票；B. 买入价格。

◆ 以合适价格买入一个优秀的公司远胜于以优惠价格买入一个普通的公司。

◆ 一生能够积累多少财富，不取决于你能够赚多少钱，而取决于你如何投资理财，钱找人胜过人找钱，要懂得钱为你工作，而不是你为钱工作。

◆ 我从十一岁开始就在做资金分配这个工作，一直到现在都是如此。

◆ 从预言中你可以得知许多预言者的信息，但对未来却所获无几。

◆ 如果市场总是有效的，我只会成为一个在大街上手拎马口铁罐的流浪汉。

◆ 今天的投资者不是从昨天的增长中获利的。

◆ 真正理解养育你的那种文化的特征与复杂性，是非常困难的，更不用提形形色色的其他文化了。无论如何，我们的大部分股东都用美元来支付账单。

◆ 你是在市场中与许多蠢人打交道；这就像一个巨大的赌场，除你之外每一个人都在狂吞豪饮。如果你一直喝百事可乐，你可能会中奖。

◆ 如果我挑选的是一家保险公司或一家纸业公司，我会把自己置于想象之中，想象我刚刚继承了那家公司，并且它将是我们家庭永远拥有的唯一财产。

◆ 投资并非一个智商为 160 的人就一定能击败智商为 130 的人的游戏。

◆ 永远不要问理发师你是否需要理发。

◆ 如果你给我 1000 亿美元用以交换可口可乐这种饮料在世界上的领先权，我会把钱还给你，并对你说"这可不成"。

◆ 只有在潮水退去时，你才会知道谁一直在裸泳。

◆ 那些最好的买卖，刚开始的时候，从数字上看，几乎都会告诉你不要买。

◆ 从预言中你可以得知许多预言者的信息，但对未来却所获无几。

◆ 我有一个内部得分牌。如果我做了某些其他人不喜欢、但我感觉良好的事，我会很高兴。如果其他人称赞我所做过的事，但我自己却不满意，我不会高兴的。

◆ 在一个人们相信市场有效性的市场里投资，就像与某个被告知看牌没有好处的人在一起打桥牌。

◆ 目前的金融课程可能只会帮助你做出庸凡之事。

◆ 没有一个能计算出内在价值的公式。你得懂这个企业（你得懂得打算购买的这家企业的业务）。

◆ 如果你发现晋级的 250 只猪有 200 只全是某农场来的，那你就必须问："那个农场喂猪的饲料有没有特别之处？"

◆ 股市与上帝一样，会帮助那些自助者，但与上帝不同的是，他不会原谅那些不知道自己在做什么的人。

◆ 香烟是一个相当理想的行业，制造成本只要一分钱，但售价却高达一块钱，消费者会上瘾，而且忠诚度非常高。

◆ 你应该选择投资一些连笨蛋都会经营的企业，因为总有一天这些企业会落入笨蛋的手中。

第6章

不会随便卖掉公司控股权

——李嘉诚论"准垄断"行业投资

过去两年里股市最炽热的时候,有人说如果我们将码头业务出售,可以获得 50、60 倍的市盈率,我们不是不懂得买卖,但集装箱码头是我们的核心业务,这么多年建起来,不会随便卖掉公司的控股权。

(20 世纪)80 年代时中东国家和美国有分歧,石油供应紧张。那时(我)就想:加拿大有石油,政治环境相当稳定,就趁赫斯基亏蚀的时候把它买过来。

没有汇丰银行的支持,我今天就不可能成功收购和记黄埔。

投资港口

1979 年，李嘉诚入主和记黄埔时，和记黄埔旗下的港口业务只是一块收入有限而且勉强盈亏平衡的生意。但李嘉诚相信集装箱为主角的全球贸易将成为一个重大趋势，逆势收购了香港第 6 号货柜码头。

《全面解读李嘉诚：神话与误读背后》中有着这样的记载："在拥有一定的业务规模后，李嘉诚持续要求港口业务的负责人进行管理技巧的改善。因为香港港口空间有限，最主要的改善在于，其他港口码放两三层的集装箱，在这里需要摆至六七层高。这并非简单的吊机和码放方式的改变，更为需要对所有集装箱的出、入时间进行良好统筹，否则，仅在搬运腾挪中就将损失极多时间。因此，从 1980 年代中期起，和记黄埔一直自主开发码头的电子管理系统，可以事无巨细地显示码头内集装箱的各种资料。甚至和记黄埔港口在香港的子公司根据当地情况，专门发明了由电脑控制搬运集装箱的'电子龙'型吊机，较全部装载工序由人工控制效率大为提升。

"克服了空间狭窄的劣势，香港国际货柜码头反而因其效率，成为国际著名的'补时港口'（catch-upport）：那些在运输过程中被延误的时间，可以在香港得以补偿。在这样一个完整的管理体系下，1990 年代初，和记黄埔港口业务开始国际化，1991 年购得英国最大港口菲力斯杜后，15 年间，和记黄埔已经成为业务遍及 21 个国家，经营 43 个港口共 251 个泊位的全球最大的私营港口公司。"

和记黄埔于 1991 年收购了英国最繁忙的港口——菲力斯杜港。随着和记黄埔业务的拓展趋向国际化和全球化，和记黄埔港口于 1994 年正式成立，以持有与管理和记黄埔在世界各地的港口及相关服务。自1994年起，和记黄埔港口扩展业务至全球的策略性地理位置。

从1993年开始，凭借雄厚的资金实力，李嘉诚开始了内地的港口业务扩张。1993年，由和记黄埔三角洲港口及珠海经济特区富华集团股份有限公司组建的合资公司珠海国际货柜码头（九洲）开始运营，开始了继盐田国际后广东地区港口版图的描画。南海国际货柜码头、珠海国际货柜码头（高栏）、江门国际货柜码头（JMCT）、汕头国际集装箱码头陆续开始运营，李嘉诚也因此被誉为"港口巨擘"。

2009年3月，和记黄埔港口在瑞典斯德哥尔摩港兴建一个新的货柜码头。和记黄埔港口在尼奈斯港兴建的新码头总面积为25公顷，分三期完成；届时，码头岸总总长及前沿水深分别为800米及15米。新码头预计将于2012年投入服务，营运权为期25年。

李嘉诚对于码头业务的重视，可以从下面这段话中看出：

> 过去两年里股市最炽热的时候，有人说如果我们将码头业务出售，可以获得50、60倍的市盈率，我们不是不懂得买卖，但集装箱码头是我们的核心业务，这么多年建起来，不会随便卖掉公司的控股权。

******

> 香港现有货柜码头尚有剩余处理能力，只要加强配套和营运效率，可以增加七百万至八百万标准箱处理能力。

如今，和记黄埔的港口业务遍及25个国家，分布于亚洲、中东、非洲、欧洲、美洲及澳大利亚。和记黄埔港口目前拥有48个港口的经营权，并设有多家与运输服务相关的公司。2007年，和记黄埔港口全球的货柜总吞吐量达6630万个标准箱。

和记黄埔业务遍及亚太区、中东、非洲、欧洲和美洲等25个国家，共49个港口超过三百个泊位，并拥有多家与运输服务相关的公司。目前，和记黄埔是全球最大的港口投资、发展及经营商。

收购港灯

不敢说一定没有命运，但假如一件事在天时、地利、人和等方面皆相悖离时，那肯定不会成功。若一味地贸然去做，终将导致失败。要成就一番事业，就必须要看准时机，在适当的时间做适当的事情，根据实际的情况做相应的事情。要在商场上游刃有余，特别是在股市上做到得心应手，看准下手的时机是最重要的。

港灯是香港十大英资上市公司之一，拥有垄断权，收入稳定，加之香港政府鼓励用电的收费制度，港灯的供电量将会大幅增长，盈利肯定会增加。因此，李嘉诚选中了港灯。

不仅是李嘉诚一个人，除了他的长江实业，怡和、佳宁等财团都想染指港灯。竞争还是很激烈的。

尤其是怡和系置地，在海外有大量投资，但回报不佳。于是眼光又转回来，在港大肆扩张，投入巨资，很快便购入了电话公司、港灯公司的公众股份，并以自香港开埠以来的最高地价47.5亿港元，投得中环地王。所以对港灯，置地当然不会手软。1982年，置地以锐不可当之势，以高出市价31%的条件，收购了港灯。

面对置地的来势汹汹，李嘉诚明白，他在港灯的收购上老对手置地又成为长实的主要竞争对手。当时，李嘉诚并没有想非得要跟置地争个你死我活的，在商场上，他是最忌讳这一点的。

李嘉诚面对置地似乎是失去理智的收购，认为如果和置地正面交锋，一来未必能胜，二来即使能胜，也会元气大伤；其次，置地不惜重金四处出击，很容易造成"消化不良"，或是碰上外界因素影响就不攻自乱。到时候再从置地手中夺过港灯，易如反掌。

因此，李嘉诚只是密切关注整个事态的发展，决定以不变应万变，并不急于采取任何实质性的行动。

果然，置地在香港急速扩张，现金储备也消耗殆尽，陷入空前危机。置地新一任大班西门·凯瑟克万不得已，只好决定出售港灯减债。

令西门不解的是，这一年来，李嘉诚不再有任何表示。难道他真不想要港灯？港灯可是拥有的专利权的企业，不可能会有第二家在港岛与其竞争，盈利确保稳定。

李嘉诚欲擒故纵，使西门如坠云里雾中。

西门终于按捺不住了，主动向李嘉诚抛去绣球。李嘉诚通过和平谈判的方式，不战而屈人之兵，得到了港灯。第 95 期《信报月刊》描绘道："1985 年 1 月 21 日（星期一）傍晚 7 时，中环很多办公室已人去楼空，街上人潮及车龙亦早已散去；不过，置地公司的主脑仍为高筑的债台伤透脑筋，派员前往长江实业兼和记黄埔公司主席李嘉诚的办公室，商计转让港灯股权问题，大约 16 小时之后，和记黄埔决定斥资 29 亿元现金收购置地持有的 34.6% 港灯股权，这是中英会谈结束后，香港股市首宗大规模收购事件。"按照著名经济学家郎咸平的数据，当时和记黄埔的负债比大约只有 0.4，而其同业的潜在竞争对手包括太古、新世界及怡和洋行在内都超过 0.8，在财务能力上，和记黄埔有绝对能力把握机会。李嘉诚说道：

> 假如我不是很久以前存着这个意念和没有透彻研究港灯整间公司，试问又怎能在两次会议内达成一项总值达 29 亿港元的现金交易呢？

6 个月后，趁"港灯"股价回升，李嘉诚出售 10% 股份，成功套现，净赚 21.8 亿港元！

如今，李氏家族控制香港电灯公司，向港岛区和部分离岛居民供应电力，与负责九龙和新界区的中电分庭抗礼。

能源业务

2005 年 5 月 24 日，巴菲特的伯克希尔·哈萨威公司旗下的中部美洲能源控股公司宣布，将以 94 亿美元从苏格兰电力公司手中收购美国西北部最大的电力供应商——太平洋公司。74 岁的巴菲特最终选择了能源产业，他在声明中说："我们一直对能源业充满兴趣，这是一项合适的长期投资。作为美国西部地区领先的电力公司，太平洋公司拥有突出的资产优势。"

虽然先前已透过和黄持有香港电灯，跨足能源事业，但电力与石油毕竟不同，电力可以透过人为方式创造、调节，石油却困难得多。"拥有广大油田，一直是他的梦想。"李嘉诚的友人说。

说到和记黄埔的海外业务，不得不提赫斯基石油公司。1986 年 12 月，在加拿大帝国商业银行的撮合下，李嘉诚透过家族公司以及和记黄埔，斥资 32 亿港元收购赫斯基石油公司 52% 股权，其中，和记黄埔与嘉宏国际合组的联营公司 Union Faith 购入 43% 股权，而李嘉诚的长子李泽钜购入 9% 股权。

其时，在经历了 70 年代两次石油危机后，油价陷入低潮，全球石油股票低迷，李嘉诚却在这时看好石油工业，这是当时最大一笔流入加国的港资，不但轰动加国，亦引起香港工商界的骚动。

在一般人眼中，当时，油价低迷，每桶价格仅约十美元，石油业不是主流投资者看好的行业。"那时候很多人说，天啊！李嘉诚在做什么？涉入一个他不了解的行业？这怎么可能对和黄是好投资呢？但是他看到机会，特别在坏时机时看到机会。"和黄财务总裁陆法兰说。

李嘉诚家族凭借长子李泽钜于 1983 年已加入加拿大国籍，避过了针对外国人的投资限制。李嘉诚回忆道：

> （20 世纪）80 年代时中东国家和美国有分歧，石油供应紧张。那时（我）就想：加拿大有石油，政治环境相当稳定，就趁赫斯基亏

蚀的时候把它买过来。

当时，赫斯基在加拿大只是中型石油公司，许多石油公司是它的四五倍大，但李嘉诚看中赫斯基并非规模大小，而是"Mix（混合）"特质，属于整合性资产。

此外，李嘉诚算出，只要赫斯基以每桶 10 美元价格出售，在本业上就可达到收支平衡，但未来却潜力无限。"10 美元即可收支平衡"是撑起整个杠杆的支点，接下来，他用这个支点去撑起惊人的发展杠杆。该年年底，李嘉诚的事业体总计取得赫斯基 52% 股权。至于原有股东 Nova 股权则降为 43%。成交后，赫斯基重整、下市。

外界只看到股权结构的改变，却不知道李嘉诚在谈判时，卖方给他特别的投票权，可以否决任何董事会的决议，并更换全部董事。

1986 年，李嘉诚进军北美能源业的同时，并没有放过欧洲能源市场的机会。同年 12 月初，李嘉诚私人投资港币 1000 万元，收购英国伦敦上市的克拉夫石油公司（Ciuff Oil Company）4.9% 股权。

1988 年 6 月，李嘉诚斥资 3.75 亿加元，全面收购加拿大另一家石油公司 Canterra Energy Ltd.，使赫斯基能源的资产值从原来的 20 亿加元扩大一倍。同时，李嘉诚不断增购赫斯基石油股权。

到 1991 年，股权增至 95%。其中李嘉诚个人拥有 46%，和记黄埔与嘉宏共拥有 49%，总投资为 80 亿港元。经过多年开源节流和技术改造，李嘉诚把赫斯基由一家亏损企业变成了利润驱动器。

和记黄埔 1998 年中期业绩报告里，在 7 项业务当中，只有电讯、基建和能源有溢利增长，能源业务经营溢利 4.3 亿，占溢利 6%。赫斯基零售网络和市场占有率增加一成，预计全年会有增长。

2000 年 8 月赫斯基能源在加拿大上市，有当时的报道说，李嘉诚为此获利 65 亿港元。

李嘉诚在 2004 年 8 月曾经表示，赫斯基能源的油砂矿藏量丰富，"50年都开采不完"。

赫斯基 2005 年总收入逾 102 亿加元，纯利逾 20 亿加元，分别上升 21% 及 99%。计入和记黄埔账内，来自赫斯基盈利贡献约 228.8 亿港元，大增三成，占和记黄埔总收益比重维持 11%。

2009 年，根据和记黄埔的业绩报告，2008 年赫斯基能源继续赚钱，销售额达 247.01 亿加元，盈利净额为 37.54 亿加元，分别比前一年上升了 59% 和 17%。李嘉诚在主席报告当中指出，根据目前油价远低于去年水平，赫斯基能源的盈利贡献会较少，但油价的变化有很多可能性，全年油价会处于什么水平仍是未知数。被问及是否后悔没有在市况较佳时出售赫斯基能源，李嘉诚坦言，并不后悔，而且目前也没有计划出售有关资产。

2008 年 8 月 21 日，在收购的 22 年后，李嘉诚在业绩会上自信地说：

> 赫斯基能源在七八年前还被人批评说录得亏损，但是今年和记黄埔最大的盈利贡献就来自赫斯基。
>
> ******
>
> 现在已经有数名买家愿意以高于目前石油市场现价，向赫斯基能源购买三年后的生产量，这说明石油市场表现仍然强劲。

赫斯基能源目前有几项主要业务，一是位于加拿大西部和美国西北部的传统开采石油和天然气，租用面积约有 3 万平方公里。二是位于加拿大阿尔伯达省北面的面积约 2200 平方公里的油砂项目，估计其中的沥青蕴藏量超过 443 亿桶。三是在东南亚和其他地区的资产，2007 年，赫斯基能源甚至获得了位于格陵兰离岸的 3 个勘探牌照。赫斯基在 2.1 万平方公里的 2 个地区拥有 87.5% 的权益。

银行业合作

1974 年 5 月，长实与实力信誉卓著的加拿大帝国商业银行合作，成立怡东财务有限公司，实收资本 5000 万港元，双方各出 2500 万港元现金，各占 50% 权益。李嘉诚任这间公司的董事兼总经理。

这间合股公司的成立，为长实引进外来资金，又为今后长实拓展海外业务，铺路搭桥。同年 6 月，由加拿大帝国商业银行的力促，长实股票在加拿大温哥华上市。长实能如此顺利地与加拿大银行界建立伙伴关系，得助于李嘉诚从事塑胶花产销时与北美贸易公司建立的信誉。加拿大帝国商业银行，正是这间公司的往来银行。

李嘉诚私人基金还入股了中国银行。李嘉诚基金会是在中国银行 2006 年年中香港上市前的首次公开募股（IPO）中买进这些股票的。这些股票约占李嘉诚基金会所持股权的 30% ～ 40%。

李嘉诚透过私人基金斥资 7.5 亿美元，摊占中行约 2.42% 权益，与苏格兰皇家银行及美林证券同时成为中行的海外股东。不过李嘉诚是以公司股东名义投资，即只是被动投资者，不会参与中行的管理。李嘉诚表示：

> 内地银行业增长迅速，有关投资具吸引力，未来仍有可能以个人身份入股内地金融机构。但现时未有定论。

他强调，这些投资期限较长，并且属私人性质。

2009 年 1 月 8 日报道，李嘉诚基金会以每股 1.98 ～ 2.03 港元的价格向投资者配售中国银行 H 股，较中国银行周三收盘价 2.14 港元折价 5% 至 7.5%。2009 年 3 月，李嘉诚表示，余下的中行股份将作长远投资。"所谓长远是相当长，用 5 年来计算，现在并没有打算卖出。"

收购和记黄埔

李嘉诚收购九龙仓无功而返后，欲将套回资金部署另一起大型收购，结果奠定华资势力抬头，英资势力退走的局面。李嘉诚这次的目标，是蛇吞另一英资洋行——和记黄埔。

20世纪70年代的和记黄埔，由英资四大家族之一的祁德尊爵士掌舵，公司从事码头仓储、贸易和零售业务。李嘉诚看中的，就是可以重建成大型生活区的黄埔码头。

和记黄埔集团由两大部分组成，一是和记洋行；二是黄埔船坞。和记黄埔是当时香港第二大洋行，又是香港十大财阀所控的最大上市公司。

黄埔船坞有限公司的历史，可追溯到1843年，林蒙船长在铜锣湾怡和码头造木船。船坞几经迁址，不断充资合并易手，成为一间公众公司。到20世纪初，黄埔船坞与太古船坞、海军船坞并称为香港三大船坞。形成维修、建造万吨级轮船的能力。除此，黄埔船坞还经营码头仓储业。

和记洋行，1860年由英国人在香港设立。主要经营布匹、杂货和食品，经过多次改组之后，1965年同万图企业有限公司合并并改名为和记企业有限公司，业务发展十分迅速。然而1973年受到股市狂泻和石油危机的影响，业务一落千丈，陷入不能自拔的境地。1975年8月香港汇丰银行以1.5亿港元收购其33.65%的股权，成为和记最大股东。这之后不久，汇丰银行把和记与黄埔船坞合并，成立和记黄埔财团，经营贸易、地产、运输、金融等业务。

李嘉诚在觊觎上九龙仓的同时，也垂青和记黄埔。当李嘉诚正在暗暗吸纳九龙仓股票的时候，他就获悉汇丰大班沈弼暗放风声说：待和记黄埔财政好转之后，汇丰银行会选择适当的时机、适当的对象，将所控有的大部分和记黄埔股份转让出去。

这个消息对李嘉诚来说，确实是天大的福音。长实财力不足，如果能够借助汇丰之力，那么收购的成功率就能有50%的把握了。

李嘉诚极其渴望能成为汇丰转让和记黄埔股份的人选。于是，就在沈弼劝李嘉诚停止收购九龙仓股的时候，李嘉诚权衡了利弊，忍痛割爱停止了收购九龙仓的行动，卖给汇丰一个人情，从而赢得了汇丰的信任。

同时，李嘉诚很清楚，汇丰控制和记黄埔不会太久。根据公司法、银行法，银行不能从事非金融性业务。债权银行，可接管丧失偿债能力的工商企业，一旦该企业经营走上正常，必将其出售给原产权所有人或其他企业，而不是长期控有该企业。

同时，长实财力不足，若借助汇丰之力，收购算成功了一半。

李嘉诚卖了汇丰一份人情，那么，信誉卓著的汇丰必会回报一还其人情。这份人情，是否是和记黄埔股票，李嘉诚尚无把握。

为了使成功的希望更大，李嘉诚拉上包玉刚，以出让 1000 万股九仓股为条件，换取包氏促成汇丰转让 9000 万股和记黄埔股的回报。

根据《商业周刊》对李嘉诚的采访记录："李嘉诚透过管道得知，汇丰银行有意出脱手上对和记黄埔的 22.4% 持股。他开始与汇丰银行商议。

"李嘉诚的步骤是：一、了解汇丰需求；二、计算公司筹码；三、必要时以小金库支持大金库。 当时，汇丰希望以每股港币 7.5 至 8 元出售，李嘉诚认为太高，合理价格是港币 6 至 6.5 元。双方谈判后，李嘉诚愿意将价格增至港币 7.1 元，但争取先付 20%，剩余款项在两年内付清。再来是计算筹码。

"李嘉诚事后透露，当时他已算准，来年长实有数宗开发案接近完工，将有大量资金回流，但香港能标购的大型地盘却越来越少，因此，李嘉诚计划由长实发不配息的港币两亿元特别股，由李嘉诚认购。亦即李嘉诚无息借给长实两亿元，以支应初期的 20% 款项，而不影响长实的现金水位与负债比率。待来年开发案资金回流，长实便可按期给付汇丰剩余款项。

"尽管当时长实现金流充沛，李嘉诚仍以小金库支持的原因是，他要让这宗购并案宣布后，对手毫无招架之力！因此需有一笔资金，在宣布后从股市大举购入股票，在最短期间让长实握有和黄股权超过三成，如此才能牢牢控制和黄。"

1979 年 9 月 25 日，夜。香港皇后大道中华人行 21 楼会议室。神采奕奕、风度翩翩的长江实业（集团）有限公司董事局主席兼总经理李嘉诚，正在这里举行一次最激动人心的记者招待会。会上，李嘉诚抑制不住内心的激动，兴奋地宣布：

> 在不影响长江实业原有业务的基础上，本公司已经有了更大的突破——长江实业以每股 7.1 港元的价格，购买汇丰银行手中持有占

22.4% 的 9000 万普通股的老牌英资财团和记黄埔有限公司股权。

隔日起，李嘉诚集中火力乘胜追击，继续在股市上大量吸纳和记黄埔股票。经过一年的集中吸纳，到 1980 年 11 月，李嘉诚成功地拥有 39.6% 的和记黄埔股权，控股权已十分牢固。李嘉诚对《商业周刊》编辑团队解释他当时的计划：

> 我已经准备另外一笔钱来做。……签约下去，隔天一早我们就在市场一路买，这样人家考虑动和黄脑筋时，我已经拿到百分之三十几、四十几的股权，这就大势已去，别人无法跟我夺！

到此，李嘉诚被和记黄埔董事局吸收为执行董事，主席兼总经理的仍是韦理。

1981 年 1 月 1 日，李嘉诚被选为和记黄埔有限公司董事局主席，成为香港第一位入主英资洋行的华人大班（注：包玉刚入主的怡和系九龙仓不属独立洋行），和记黄埔集团也正式成为长江集团旗下的子公司。至此，李嘉诚坐上了香港华资地产龙头的位置，"李超人"的绰号不胫而走。

李嘉诚以小搏大，以弱制强。长江实业实际资产仅 6.93 亿港元，却成功地控制了市价 62 亿港元的巨型集团和记黄埔。按照常理，既不可能，更难以令人置信。

汇丰让售李嘉诚的和记黄埔普通股价格只有市价的一半，并且同意李嘉诚暂付 20% 的现金。不过汇丰并没吃亏，当年每股 1 元，现在以 7.1 元一股出售，股款收齐，汇丰共获利 5.4 亿港元。尽管如此，仍给予李嘉诚极大的优惠，"李嘉诚此举等于用美金 2400 万做订金，而购得价值 10 多亿美元的资产。"

后来，有人问李嘉诚是不是有什么超人的智慧，否则怎么能够取得如此辉煌的成功。对此，李嘉诚并没有谈他运用的是什么谋略方法，只是说：

> 没有汇丰银行的支持，我今天就不可能成功收购和记黄埔。

汇丰银行董事局主席沈弼认为："长实多年来成绩良佳，声誉又好，而和黄的业务脱离 1975 年的困境踏上轨道后，现在已有一定的成就。汇丰在此时出售和黄股份是顺理成章的"，"汇丰银行出售其在和黄的股份，将有利于和黄股东的长远利益。坚信长江实业将为和黄的未来发展作出极其宝贵的贡献。"在往后的日子里经实践证明，由李嘉诚担任董事局主席的"和黄"，其结果是纯利"大幅跳升"，成为"行中之冠"，上市总值仅次汇丰银行。

李嘉诚靠"以和为贵"、"以退为进"、"以让为盈"的策略，赢得这场香港开埠以来特大战役的胜利。

香港新闻界则更是轰动到极点，不仅轰动了整个香港，更是令股市狂升。其中，《信报》的经济评论中说：

"这次交易可算是李嘉诚先生的一次重大胜利……购得这 9000 万股和黄股票，是长江实业上市之后最成功的一次收购，较当年收购九龙仓计划更出色。李嘉诚先生不但是地产界的强人，亦成为股市中炙手可热的人物。"

而香港《文汇报》则用大篇幅摘译美国《新闻周刊》的报道，以"入主英资洋行第一人"为题，分析华资收购英资同中国经济改革联系的经济评论文章：

"上星期，亿万身价的地产发展商李嘉诚成为和记黄埔主席，这是华人出任香港一间大贸易行的第一次，正如香港的投资者所说，他不会是唯一的一个。香港华人企业家早已在英国人以外建立一个强有力的经济基础，但只是随着中国贸易的自由化，他们才开始直接威胁到英国人的利益。去年初，船王包玉刚从最大最老资格的贸易行——怡和手中，夺得资产庞大的九龙仓控制权。包氏和李氏趁机利用港督麦理浩爵士所称的'新的重要角色'，与北京政府成立合营企业。他们日益壮大的贸易王国，正在重订香港做生意的方式。"

李嘉诚认为：

世界在变化中，很自然"行"也要变。

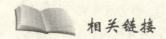

相关链接

巴菲特：公司财务与投资

市场先生

在投资的时候，我们把自己看成是企业分析师，而不是市场分析师，也不是宏观经济分析师，更不是证券分析师。

我们愿意无限期持有一只股票，所以市场绝非是必须的：我们持有的证券没有交易，并不会令我们不安。我们最终的经济命运将取决于我们拥有的公司的命运，无论我们的所有权是全部还是部分。

很久以前，我的老师本·格雷厄姆（Ben Graham）曾经描述过市场波动的心态。他说，你必须想象市场的价格来自一位特别乐于助人的名叫"市场先生"的朋友，他是你私人企业的合伙人。市场先生每天都会出现，报给你股票买卖的价格，从未失灵。

即使你的企业非常稳定，市场先生给出的价格也不可能非常稳定。悲观地说，这个可怜的家伙有易动感情的不治之症，它的情绪有时高涨，有时低落。市场先生还有一个可爱的特征：他从不介意无人过问。如果它的报价不能引起你的兴趣，他明天会再次报出一个新的价格。但是，市场先生会在那里伺候你，但不会帮助你。如果你受了它的影响，那你就大难临头了。事实上，如果你无法比市场先生更了解和更会评估你的企业，你就不应该来玩。

我们遵循格雷厄姆的教诲，让我们投资的公司通过自己的运营而不是通过市场价格来决定是否成功。市场先生可能会在一段时间内忽视公司的成功，但最终会予以肯定。此外，只要公司的内在价值以合适的速度增长，那么企业的成功被市场承认的速度就不那么重要。事实上，市场的滞后对我们是件好事：它给我们机会，以便宜的价格买到更多的好东西。

当然，市场有时会认为一家企业比实际状况表明的更有价值。此时，我们就会卖出这些股票。有时，我们会卖出一些估价合理、甚至是被低估的股票，原因是我们需要资金用于投资价值被低估得更多，或是我们更了解的股票。

价值投资？多余？大多数分析师认为他们必须在两种相对立的投资方法中做出选择："价值"和"成长性"。我们认为这是一种模糊的概念（必须承认，我曾经也这么认为），因为这两个方法的关键点紧密相连：成长总是价值评估的一部分，它是一个变量，其重要性可以小到忽略不计，也可能大到无限；其作用可以是负面的，也可以是正面的。

另外，我认为"价值投资"这种说法是多余的。如果投资不是寻找足以证明投入的资金是正确的价值的行为，那么什么是投资？如果你选择为一只股票支付高于其价值的钱，希望马上能以更高的价格卖出，那么你是在投机（我们认为，这样做既违反规则，伤风败俗，也不能获利）。

公司的成长性说明不了什么问题。的确，成长性对价值常常产生积极的作用，其程度有时非常惊人，但这种影响很难确定。只有在合适的公司以有诱惑力的增值回报率进行投资的时候，成长性才能使投资者受益。

我们通常的做法是：第一，我们努力固守那些我们相信能够了解的公司；第二，同样重要的是，我们强调在买入价格上留有安全的余地。如果我们计算出一只普通股的价值仅仅略高于它的价格，我们就不会有兴趣。

聪明的投资

我们深感岿然不动是聪明之举。你仅仅需要以合理的价格，收购有出色的经济状况和能干、诚实的管理人员的公司。之后，你只需要监控这些特质是否得到保护。

采用这种投资策略的人常常发现，自己的投资组合中占主要地位的只有少数几个品种。这就像是一位投资者购买了以大学篮球明星为未来收益的证券，占组合中的 20%。后来有少数大学明星发展为 NBA 明星，这位投资者从这些人身上获得的收益很快成为组合中的大头。如果你因为最成功的投资占了组合中的绝大部分，就卖掉了一些，这无异于芝加哥公牛队卖掉乔丹，理由是他在球队中太重要了。

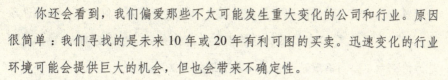

你还会看到，我们偏爱那些不太可能发生重大变化的公司和行业。原因很简单：我们寻找的是未来10年或20年有利可图的买卖。迅速变化的行业环境可能会提供巨大的机会，但也会带来不确定性。

作为公民，我们欢迎变化。新颖的创意、新奇的产品和全新的流程等等会提高国家的生活标准。但作为投资者，我们对于潜在的变化，与我们对于太空探索的态度类似：我们鼓掌欢迎，但我们宁愿不参与。

我们寻找的是可预测性。比如，一个世纪以来，可口可乐公司的基本面就一直保持稳定。相对于投资寿命而言，可口可乐将继续在全球占据主导地位。事实上，这种主导地位很可能会增强。10年来，这家公司已经大大扩展了已经非常大的市场份额，而且有迹象表明将在未来的10年中保持这一势头。

显然，许多技术领域或是新行业的公司，注定会比可口可乐这样的公司发展得快很多。但我宁愿相信可靠的结果，也不愿意企盼伟大的结果。所以我们永远也抓不到"漂亮50"这样的热门股，"漂亮20"也没戏。

当然，即使是好公司，你也有可能出价过高。在一个过热的市场中的投资者应该认识到，好公司的价值也可能要等相当长的时间才能与他们支付的钱相当。

聪明的投资并不复杂，尽管也绝非易事。一个投资者需要具备正确估价你所选择的公司的能力。注意我用的"你所选择的"这个词。换句话说，你不必成为所有公司或者许多公司的专家，你只要学会对处于自己能力范围之内的公司进行估价，而范围的大小并不重要。

作为投资者，你不需要了解B值、有效市场理论、现代投资组合理论、期权定价或是新兴市场。事实上，你最好对此一无所知。当然，这不是大多数商学院的观点。我认为投资专业的学生只需要学习两门讲授得当的课——如何评估一家公司，以及如何考虑市场价格。

作为投资者，你的目标应当就是以合理的价格买入一家你了解的公司的部分股权。在未来的5年、10年或20年里，这家公司的收益几乎可以肯定将大幅增长。在时间的长河中，你会发现这样的公司并不多，所以一旦发现，就应当大量买进。你还必须拒绝会偏离这一投资策略的任何诱惑。如果你不愿意持有一只股票10年，那么你就不要考虑持有它，哪怕是10分钟。这正是为伯克希尔公司的股东带来了无数利润的方法。

教训：

1. 我的第一个错误是购买了那家纺织厂。尽管我知道它的业务几乎没有前景，但我没有经得起股价低廉的诱惑。事实上，除非你是不良资产经纪人，否则仅仅因为价格低就购买的做法很可笑。首先，你买便宜货的结果很可能并不便宜。在一家问题一大堆的公司，老问题没解决，新问题又来了——厨房里不会就一只蟑螂。其次，你刚开始占的便宜很快会被公司的低回报所抵消。时间是优秀公司的朋友、平庸公司的敌人。

2. 在买进时，一定要寻找有一流管理人员的一流公司。一位好的骑手会在一匹好马而不是劣马上，充分展示技能。纺织厂的经理诚实而且能干。假如他是被一家经济特性好的公司雇佣，会取得优异的成绩。但当他在流沙中奔跑时，却永远不会取得进步。

3. 慢慢来。我购买并管理了大量不同的企业25年之后，还是没有学会如何解决公司的问题，但学会了如何避开这些公司。从这个意义上说，我们已经非常成功。

4. 只与我喜欢、信任并钦佩的人做生意。这个策略本身并不能保证投资成功：不入流的纺织厂绝不可能成功，即便它的经理是那种你想把女儿许配给他的那种人。但我们不希望与缺乏值得敬佩品质的经理合作，无论他们的业务前景多么动人。我们从未与一个坏人做成过一笔好买卖。

并购

巴菲特的目标公司

我想重复一下我们在寻找什么样的公司：

1. 大公司（至少有5000万美元的税后利润）；

2. 证明有持续的赢利能力（我们对预测未来不感兴趣，对"扭亏为盈"

也不感兴趣）；

3. 在少量举债或不举债时，公司的净资产收益状况良好；

4. 管理得当（我们不提供管理）；

5. 业务简单（如果太复杂，我们会弄不明白）；

6. 明确的售价（在价格不明确的时候，我们连初步探讨也不情愿，因为我们不想浪费自己和卖方的时间）；。此外，我们不会进行敌意收购。对于卖方的询问，我们承诺将给予完全的保密，以及迅速的回答——通常在 5 分钟之内。我们倾向于以现金方式收购，但在企业的内在价值与我们给予的相当的前提下，也会考虑发行股票。

伯克希尔的未来

在我去世之后，公司的所有制结构将会改变，但不会是破坏性的改变。首先，我的股票只有 1% 会被出售，用来处理遗产和纳税。其次，如果我的妻子比我长寿，那么她将获得我剩余的股票。如果她先于我作古，那么这些股票将留给一个家族基金。无论如何，公司都将会拥有一名有控制权并能遵循指导我们今天投资的哲学和目标的股东。

那时，巴菲特家族将不会参与管理，而只是参与选择和监督管理公司的经理。我会继续让我的家族公布继承问题。既然我的财产几乎都是伯克希尔的股票，而且在我去世之后的相当长时间内，我的妻子或是家族基金的绝大部分资产也都会是伯克希尔的股票，因此，你们可以确信我对继承问题将会经过深思熟虑。

我这么说恐怕有点恐怖。我向你们保证，我从未像现在这样感觉良好。我喜欢经营伯克希尔，而且如果享受生活可以延长寿命，那么玛士撒拉（Mechuselah，根据圣经《创世纪》，玛士撒拉享年 969 岁）的记录就会岌岌可危了。

第7章

持久的投资方向

——李嘉诚论 IT、电讯投资

新经济不会只是短暂的现象，而是一个持久的方向……我们集团的整体发展策略很重要的一点是"发展不忘稳健、稳健不忘发展"。而对瞬息万变的环境，必须灵活应变，并积极参与新科技与资讯产业。

进军互联网

当微软创始人比尔·盖茨以数百亿美元的家产和一本《未来之路》成为全球的明星的时候，亚洲的经济评论家们一致认为，在新经济即将到来的时代，香港以李嘉诚为代表的那些靠地产、航运、港口致富的传统型富豪，将很快被新一代所淘汰。

事实证明，他们错了。在世纪之交，在半年时间内，李嘉诚父子靠着网络概念，赚了足足 2000 亿港元。李氏家族的总资产，已经昂然进入世界前 5 名。而李嘉诚、李泽楷、李泽钜三个人，俨然成为亚洲高科技产业的新霸主。

TOM

事实上，中国互联网的快速发展早就引起了李嘉诚的注意，就在中华网成功上市的 1999 年，李嘉诚迅速出手互联网，TOM 集团从此诞生。当时的 TOM 由李嘉诚同时掌控的和记黄埔与长江实业（集团）共同拥有，两家分别持股 29.35% 与 14.6% 股份，合计高达 43.95%。李嘉诚认同新科技的重要性，他认为网络的发展已经成为一个不可逆转的潮流，谁能抓住这个潮流，谁就大有作为，因此在成功打入电信业之后，他决定全力投资超级网站。

李嘉诚曾这样说道：

> 科技世界深如海，当你懂得一门技艺，并引以为荣，便愈知道深如海的含义，而我根本未到深如海的境界，我只知道别人走快我们几十年，我们现在才起步追，有很多东西要学习。

******

新经济不会只是短暂的现象，而是一个持久的方向。新经济未来就像是"星球大战"一样，有传统人的成份，也有快速变化的科技引导，两者的结合才能使企业走向领先的位置。而企业能否吸引到足够的人才，将是新经济竞争胜出的关键。

2000 年 2 月 17 日，李嘉诚的旗舰长（实）和（黄）系宣布，以"将中国带到世界，将世界带到中国"为口号的互联网站 Tom.com 即将于 3 月 1 日在香港上市，引起华人社会以至全球资讯界的广泛瞩目。网站取名为 Tom，是因为方便中国人，因 Tom 易记又易上口。

由于 1999 年底，和记黄埔售出在英国无线业务运营公司 Orange 中 49% 的股权，获得净利润 220 亿美元，缔造了人们至今仍津津乐道的"卖橙神话"。受此事件影响，投资者对李嘉诚近乎迷信，流传"要赚钱盯超人"的说法，以致后来李嘉诚的 Tom.com 在香港上市，股民认购的队伍竟排出数百米。

据《李嘉诚全传》一书记载："2000 年 2 月 18 日，李嘉诚旗下的网络公司 Tom.com 开始派发新股认购申请表，大批香港市民连续两天排起长龙，100 万份申请表一抢而空。

"2 月 19 日，是派发申请表的第二天，包销商百富勤继 17 日派出 50 万份表后，18 日加印了 50 万份。负责派发申请表的汇丰银行各家分行门外，早早就排起了长长的人龙。20 日，在一家分行门外，凌晨 3 时就有人排队，在正式开门营业前，已有 400 多人。由于分行一度宣称不派新表，引起股民们不满，分行只好决定再派发表格，并请警员维持秩序。由于每人只限取一份表格，加上是休息日，有人动员全家前来索取表格。

"而在香港及九龙汇丰总行门前，人龙蜿蜒，排出几条街外，20 多万份表格，不到 3 小时就已派完。至 24 日，再度掀起认购 Tom.com 股票的狂潮，约有 30 万香港市民冒雨涌往 10 家指定的汇丰银行分行，交付认购表格。由于现场人数太多，警方紧急出动维持秩序。这是香港股票史上从未有过的现象。"

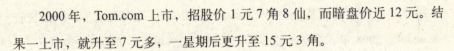

2000 年，Tom.com 上市，招股价 1 元 7 角 8 仙，而暗盘价近 12 元。结果一上市，就升至 7 元多，一星期后更升至 15 元 3 角。

2000 年，许多人关心的是网络的热潮似有消退的迹象，但李嘉诚认为：

> 网络是一个长久的事业，谁有诚信与专业，谁就能长远地发展下去。网络、科技绝对不会是泡沫，但一定有泡沫公司。企业为了发展必须要利用金融市场筹措资本，但公司上市后，须有实际的业务支持，把股票胡乱炒高，公司股价与实质价值差距太大，企业泡沫化的问题自然出现。

李嘉诚强调，发展网络与新经济的事业，一定要有实质业务与可实现的目标，赚到利润后要适当地扩张，才能取得投资者长期的信任，这样的企业才会有远景，而可以在不安定时发展稳定。

2004 年 3 月，TOM 集团将旗下的 TOM 在线业务分拆出来，并促使 TOM 在线分别于香港联合交易所创业板及美国纳斯达克市场两地上市。

TOM 在线分别在美国与香港上市的成功，建立了其在资本市场的独立地位，也为李嘉诚资本运作增添了新的成功案例。

然而，出于种种原因的考虑。2007 年 9 月 3 日，同时在纳斯达克和香港两地上市的 TOM 在线正式退市，而它也成为首家在海外上市并退市的中国概念股公司。

Facebook

2007 年 12 月，李嘉诚已投资 6000 万美元收购了 Facebook0.4% 股份。在李嘉诚之前，微软于 10 月斥资 2.4 亿美元收购了 Facebook1.6% 股份，根据微软的收购价，Facebook 的市值达 150 亿美元，外界预计李嘉诚的参股也是基于相同估值。

2008 年 3 月 27 日下午，李嘉诚在和记黄埔财报发布会上表示，他个人或李嘉诚基金会已向美国第二大社交网站 Facebook 投资逾 1 亿美元。这是自 2007 年年底李嘉诚基金会向 Facebook 注资 6000 万美元之后，二度投资 Facebook。2008 年，李嘉诚在接受《21 世纪经济报道》采访时说道：

> 我以个人名义对 Facebook 的投资超过 1 亿美元，因为 Facebook 业务做得好，有高速增长，而且日后在和黄的手机网络中可以使用 Facebook 的服务，至于今后会否增持，任何事情都是有可能的。

尽管如此，《福布斯》还是认为李嘉诚此举很冒险。因为与 QQ、猫扑和天涯等本土社交网站相比，国外社交网站在中国市场的表现并不理想。

以一年前进入中国市场的 MySpace 为例，到目前为止，MySpace 还尚未从任何一家主要的本土社交网站手中抢走大量市场份额。

无论 Facebook 是否进入中国，李嘉诚的投资都是充满危险性的，因为国外社交网站在中国面对腾讯（QQ）、猫扑（Mop.com）和天涯（Tianya.com）等本地竞争对手很难获得成功。例如，MySpace 自从 2007 年在中国推出以来，一直很难从中国一流社交网站那里抢得重要的市场份额。此外，Facebook 还面对来自中国快速增长的社交网站校内网（Xiaonei）的激烈竞争，校内网仿照 Facebook 网站设计，目标用户定位于大学生。

2G 业务

众所周知，香港的富豪大多以地产起家，并逐渐形成多元化产业集团。但是多元化企业中，能够大手笔投投入电信或高科技产业的，只有和黄。1997 年，和黄收购美国西部无线公司（Western Wireless, Inc）5% 权益及西部个人通讯服务公司（Western PCS Corporation）19.9% 权益，以拓展在美国的移动电话业务。李嘉诚表示：

> 我个人对全球电信业务很有兴趣，而且时刻都在寻找新的发展

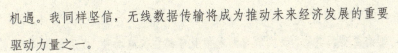

机遇。我同样坚信，无线数据传输将成为推动未来经济发展的重要驱动力量之一。

和记黄埔在全球许多国家和地区经营 2G 业务，包括英国、美国、澳大利亚、香港、以色列及印度。欧洲电信业的发展速度全球第一。移动电话越来越多地被用做数据传输，而不是语音传输……和记黄埔已将自己定位在这一经营领域，并且在英国、意大利和奥地利获得了营业执照。然而，我们绝不能为了获得每一个 3G 营业执照而无限制地竞标。例如，在德国的执照成本过于高昂，超过了我们的预算，我们别无选择，只有退出。知道何时应该退出，这点非常重要，在管理任何一项业务时都必须牢记这一点。

我的主张从来都是稳中求进。我们事先都会制定出预算，然后在适当的时候以合适的价格投资。尤其在电信项目上，你需要时间来创建网络和消费者群体，然后收获的季节才会来到。

对新兴产业进行前瞻性、战略性的投资，是李嘉诚最拿手的功夫之一。1993 年，李嘉诚购入英国移动电话公司 Rabbit，并易名为 Orange "橙"。

1999 年是世界电信企业最风光的一年，电信类企业的股票市值屡创新高，和黄抓住时机，创造了 "千亿卖橙" 的 "神话"。先是在 2 月份出售约 4% 的 "橙" 股份，套现 50 亿港元，10 月，将 Orange 公司 49.1% 股权出售给德国的 Mannesman，获利 151 亿美元；再用所持有 Manneman 10.2% 的权益，换取英国 Vodafone 集团 5% 的权益，获利 64 亿美元。至此，和黄在 2G 上全部退出欧洲移动市场。

在卖掉 "橙子" 之后，截至 1999 年末，和黄手持的现金头寸约 110 亿港元，如果算上上市和未上市的可变现资产，和黄可以运用的现金达到 2030 亿港元，李嘉诚认为这足以支撑和黄进军 3G 领域。

由于 1999 年我们售出 Orange 公司的业务，从而使得利润创下破纪录的水平，所以要想重现这样的辉煌有困难。但是，我相信我们的业务会保持良好的发展态势。首先，我们现有的各项业务中99%都有盈利。其次，我们所有的电信业务都在快速增长，发展前景看好。我们期望未来的三年能成为一个投资期（对电信业而言），但是在某些国家，我们也许在18个月内即可赢利。

香港著名经济学者曾渊沧曾就此在《香港经济日报》发表评论文章说："千千万万的欧洲人已经在使用'和记黄埔'（欧洲）提供的电讯服务。'和记黄埔'卖英国Orange，获利1100亿港币。之后，再卖MMN电讯（德国最大的移动电话商）与沃达丰（全球最大的移动电话公司之一）的部分股权，不但获得近千亿港币的现金，也轰动了整个欧洲。欧洲商人才真正明白一位来自香港的商人李嘉诚，是一个很强的竞争对手。他们开始惧怕李嘉诚，因为他们不是李嘉诚的对手。看李嘉诚从卖Orange开始，每一仗打得多漂亮。不但不断地增加现金收入，也取得了英国3G牌照、意大利3G牌照。当人人出高价抢德国3G牌照，'和记黄埔'急流勇退。全球电讯股股价急跌后，拥有大量现金的'和记黄埔'才来买平货，以低价取得德国的3G牌照。"

3G 业务

和记黄埔于2001年开始投资的3G业务（全球范围内，和记黄埔的3G子公司名为"3"）正是一个李嘉诚进军新业务的鲜活样本：虽然和记黄埔从未对外宣布其投资总量，但市场估计为250亿美元。这很容易被视为一次豪赌，对于和记黄埔而言，却堪称一次极富耐心准备周详的行动。

李嘉诚所以卖掉其2G业务（欧洲的Orange和美国的Voicestream），而不是以其原有用户为基础实现换代，一个最主要的考虑是：既然这是一次技术变革带来的机会，而新技术具体什么时间崛起并不可知，如果保留原来业务，则可能出现对于新、老业务投资选择中游移不定的尴尬。在市场高位上出售2G业务，不仅获得了极充裕的现金，更是一种不留包袱的下定决心之举。

退出 Orange 两个月后，和记黄埔就购得了在英国经营 3G 业务的执照。

自 1983 年移动电话引进美国电信市场后，移动通讯已变得愈来愈普遍与廉价。但第一代移动通讯使用类比技术，观念上仍是固定网络加上无线电传输，仅限于语音沟通。第二代数字式移动通讯系统在 1996 年进入美国市场，除语音品质大幅改进外，也增加传真和短消息功能。3G 系统完全利用数位分封技术，并结合网际网络，未来可提供视讯、语音、网络浏览、档案传输以及家庭自动化，也可轻松地利用笔记型电脑或掌上电子设备传输或接收资料。

毋庸置疑，3G 代表了未来电信业的发展方向，市场前景广阔。不可再生的 3G 频率自然为各国政府的宝贵资源，于是欧洲掀起了一股强劲的"3G 牌照热"。

短短两三年中，和黄花费 102 亿美元，获得了澳大利亚、奥地利、丹麦、意大利、爱尔兰、以色列、挪威、英国、瑞典、中国香港等 10 个国家和地区的 3G 牌照，总共覆盖约 1.75 亿的人口。2002 年至 2003 年，欧洲一些老牌运营商已经债台高筑，有些运营商则干脆停止了在 3G 网络建设领域的投资。所有人都有理由相信，欧洲 3G 进入了一个泡沫时代。

不过，这似乎正符合了和黄出手的条件。《通信产业报》这样记载道："紧接着，2002 年 10 月，和黄推出统一的 3G 服务品牌'3'，并在全球展开强烈宣传攻势。2003 年 3 月，和黄在英国和意大利开通了 3G 业务，自此，和黄的 3G 服务逐渐拓展，目前，除挪威以外，和黄已在其余 9 个获得 3G 牌照的国家和地区推出了 3G 服务。"

李嘉诚旗下的上市公司和黄公布的业绩报告显示，2006 年和黄全球 3G 业务利息及税前亏损 200 亿港元。不过，可以肯定的是，和黄 2005 年的亏损较上一年有了些许改观。财报显示，2006 年的亏损比 2005 年同期亏损减少了 45%，表现出回暖的迹象。同时，用户活跃度较高，APRU 值也上升了不少，这似乎预示着和黄离盈利的日子近了一些。

2007 年，李嘉诚在接受媒体采访时说道：

做生意有危才有机。和黄开始（1990 年代中期）以 Orange 在英国发展流动电话业务时，的确有很大挑战，当该业务接近收支平衡时，便以高价卖出，为和黄带来庞大利润。

和黄在全球 11 个国家及地区有 3G 业务，其中包括英国在内的部分地区，3G 业务表现的确与预期有出入，但亦有部分地区成功在两年内达到有净现金流，其中意大利 3G 表现更出色，我相信意大利 3G 将是集团最早达盈利的地区。

2G 业务最少仍有 10 年好景，3G 现在仍是较新的服务，相信假以时日便能广为市场所接受，为 2G 接棒。

我预期 3G 业务的亏损会逐步收窄，现在 3G 业务的折旧开支为 260 亿港元，但相信在 2008 年，和黄所有 3G 业务都会达致净现金流入水平。而且，面对竞争激烈的 3G 市场，相信 3G 业务生意会继续增长，我深信一些高消费的用户会过渡到 3G。我们认定，3G 将是和黄未来主要收入来源。

我们当初投资赫斯基能源时，也有很多人为我们担心，现在证明这是一项很好的业务。

李嘉诚表示，3G 业务的发展，的确比其预期晚了 2 到 3 年。为此，他在过去几年里每年要飞往英国四次，与相关业务负责人深入探讨解决之道。不难看到李的努力：为寻找杀手级应用，3 集团（3 集团品牌在全球范围经营 3G 业务的和记黄埔）几度调整其业务模式，改变曾经大量投入于购买和 2G 时代的经营模式。

李嘉诚表示：

我们在 3G 业务上面临的竞争超出了之前的预期，在英国的 3G 业务进度比计划晚了一年左右。但是我们在香港、澳大利亚和意大利等其他国家和地区的业务进行得很顺利。

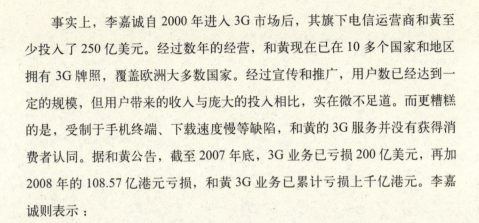

事实上，李嘉诚自 2000 年进入 3G 市场后，其旗下电信运营商和黄至少投入了 250 亿美元。经过数年的经营，和黄现在已在 10 多个国家和地区拥有 3G 牌照，覆盖欧洲大多数国家。经过宣传和推广，用户数已经达到一定的规模，但用户带来的收入与庞大的投入相比，实在微不足道。而更糟糕的是，受制于手机终端、下载速度慢等缺陷，和黄的 3G 服务并没有获得消费者认同。据和黄公告，截至 2007 年底，3G 业务已亏损 200 亿美元，再加 2008 年的 108.57 亿港元亏损，和黄 3G 业务已累计亏损上千亿港元。李嘉诚则表示：

> 和黄 3G 就像当年的 Orange，各位，把热水烧开也需要时间。

******

> 尤其在电信项目上，你需要时间来创建网络和消费者群体，然后收获的季节才会来到。

2009 年 3 月 26 日消息，香港媒体报道，李嘉诚表示，和黄旗下 3G 业务在多个地区已开始出现盈利，预期爱尔兰的 3G 快将获得盈利，集团未来将会重整欧洲区的 3G 业务。

2009 年，李嘉诚称：

> 尽管（电信）业正面临激烈的竞争及经济的下滑，但我预计今年 3G 业务的业绩将好于去年。

和黄管理层表示，做一项新生意，需要很长时间，他们预计能够做得好。"目前对电信业务有利的是，经营电讯公司没有受金融海啸太大影响，和电国际不但没有受影响，反而业务有增长，其他国家已成熟的电信业务也有增长。"

第8章

亚洲人的时代，亦是中国人的时代

——李嘉诚论中资合作投资

香港在未来数年内，只要把握时机，加强与内地合作，迅速扩大在内地市场的占有率，香港就将会有无限的商机。

祖国是强大的后盾

从 1986 年开始，李嘉诚就不遗余力地帮助中资，这为他处理好与内地的关系奠定了基础。李嘉诚首先帮助荣智健借壳上市，令中信泰富迅速扩张。拉开了李嘉诚扶助中资、扩张内地的序幕。李嘉诚说道：

祖国是我们强大的后盾，只要国家安定，继续实行改革开放政策，21 世纪，将是中国人的世纪。

香港中资四大老牌天王是中银、华润、招商、中旅。这四大集团的前身，在清末和民国就已存在。新中国成立后，归中华人民共和国接管。在改革开放前，驻港的中资公司发展迟缓。20 世纪 70 年代末起，中资逐步与自由经济体制相适应。从 20 世纪 90 年代初起，香港中资掀起上市热。中资后起之秀，似乎比老牌中资更显得活跃。中资上市公司四大天王的前身，都是改革开放后成立的。其中中信泰富、首长国际，在四大天王中分别占首席与第 3 席。这两家公司之所以能如此顺利上市，并急速发展，李嘉诚功不可没。

作为商人，在商界多交一个朋友就多一条财路。再加上中资在香港的发展势头非常强劲，很快便迅速崛起，逐渐形成与英资、华资三足鼎立的趋势。所以，与中资交好，可为今后进一步的扩张打下坚实的基础。

李嘉诚曾在集团周年晚宴致辞中表示

香港在未来数年内，只要把握时机，加强与内地合作，迅速扩大在内地市场的占有率，香港就将会有无限的商机。

中信泰富，小试牛刀

李嘉诚虽然取得了成功，但是，他时时关心着祖国大陆的发展与繁荣。李嘉诚一直在寻找适当机会投资来帮助中资，可为他树立起良好声誉。

1979 年 10 月，中国国际信托投资公司在香港设立分公司，董事长荣毅仁（原国家副主席）邀请李嘉诚出任中信董事。荣毅仁的儿子荣智健于 1978 年移居香港，经商办公司，有所成就，亦积累经商经验。

香港多诞生华人企业家传奇，生于红色家族的荣智健是其中之一。他的伯祖父荣宗敬、祖父荣德生是中国民族工商业的奠基人，父亲是荣毅仁。

是以中信集团的众多子公司里，唯中信香港（如今的中信泰富）的开拓扩张总是能得到集团甚至国务院的破格支持，而每当其遭逢危机，母公司也必然毫无悬念地伸出援手。

但另一方面，他总是在努力扭转外界对自己"倚仗父荫"的观感。

1986 年，荣智健参加香港中信集团的工作，不久，荣升为香港中信的董事总经理。荣智健想凭自己的实力，创立一间完全由自己所控的公司。李嘉诚以扶植泽钜、泽楷的心理，关注荣智健的事业。李嘉诚任中信董事 10 年，未做多少实质性的工作。如今，交情不错的荣智健有心大展宏图，世叔伯们岂有不帮之理？

李嘉诚、荣智健都看好借壳上市，英雄所见略同。

与一般企业相比，上市公司最大的优势是能在证券市场上大规模筹集资金，以此促进公司规模的快速增长。因此，上市公司的上市资格已成为一种"稀有资源"，所谓"壳"就是指上市公司的上市资格。

一般而言，在港的中资公司不是来港资历浅，就是会计制度不合上市要求，一般很难通过正常途径上市。中资要尽快上市，只有打一些资产额较少或经营不佳的上市公司的主意，也就是寻找"空壳"。

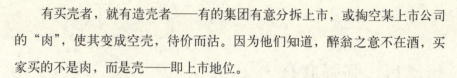

有买壳者，就有造壳者——有的集团有意分拆上市，或掏空某上市公司的"肉"，使其变成空壳，待价而沽。因为他们知道，醉翁之意不在酒，买家买的不是肉，而是壳——即上市地位。

李嘉诚、荣智健为了买壳，在股市多方寻找、权衡，最后相中了泰富发展公司。泰富发展的前身是香港证券大亨冯景禧旗下的新景丰发展。

后来，几经改组，控股权最终落入毛纺巨子曹光彪手中。由于曹光彪经营的大项目是港龙航空，与太古洋行的国泰航空展开激烈空中争霸战，曹氏不敌对手，财力枯竭，焦头烂额。因此，曹光彪决定卖出这家公司。听说曹光彪要出售泰富发展，荣智健与李嘉诚当然喜上眉梢。

为了完成收购，由李嘉诚的英籍高参杜辉廉任主席的百富勤，也是中信的财务顾问及收购代表。中信没有利用现金收购，而是通过一系列复杂的换股，及以物业作价的步骤完成的。

中信香港成功收购泰富发展后，于1991年将其更名为中信泰富。红筹注资加"李嘉诚"效应，很快便使中信泰富的股票价格从每股5元多升到9元港币左右。当年的荣智健作为一个身份特殊的人物，自然会成为香港富豪和高官们通往内地的重要"桥梁"。当时香港最富有的商人，包括李嘉诚、郑裕彤、郭鹤年等乐意成为他的合作伙伴，投资银行界叱咤风云的梁伯韬更成为其顾问。借助"红筹"概念，中信泰富在香港资本市场动作频仍，其股价也是扶摇直上。

到1991年6月，泰富经改组、集资、扩股之后，股权分配是：中信49%、郭鹤年20%、李嘉诚5%、曹光彪5%。泰富正式改名中信泰富，荣智健任董事长。从股权分配上，可见李嘉诚旨在促成这件事，而无意从中获取权益。这是李嘉诚一贯的风格。他更注重日后的长远合作和利益。这就是他自己所说的吃小亏占大便宜。

1994年，中信泰富跻身香港十大财阀榜，据1995年1月1日的《快报》，中泰以375亿市值，排名第8位。风头之劲，连本港老牌华资、英资大财阀都感到可畏。

恒昌行，强强联合

从 1992 年起，中资公司在香港股市借壳上市、招股上市蔚然成风。红筹股成为股市中令人瞩目的股种。

恒昌行创立于 1946 年，历史悠久，信誉卓著，业务范围广，是华资第一大贸易行。恒昌整个集团资产净值高达 82.73 亿港元，经营状况良好，3 大股东拥有绝对的控股权（何善衡 30％，梁球琚 25％，何添 15％，共计 65％）——外无任何可乘之机。恒昌行的正身是恒昌企业有限公司，创办人之一是前恒生银行董事长何善衡。何善衡年事已高，后代又无意继承父祖的事业，故萌生出售之意。若无此传言，市场无人敢觊觎恒昌。

1991 年，一场围绕恒昌行的收购战却在诸多香港大亨之间展开了。

据《华人首富》一书的记载："时年 5 月，郑裕彤家族的周大福公司、恒生银行首任已故主席林炳炎家族、中漆主席徐展堂等成立备贻公司，提出以 254 港元／股的价格向恒昌全面收购，涉及资金 56 亿港元。

"当时的荣智健非常看好恒昌行，但他和李嘉诚却按兵不动，秘而不宣。

"备贻公司出师不利，备贻的三大股东已事先做出三分恒昌的瓜分计划：郑裕彤得恒昌物业，林氏家族得恒昌汽车代理权（代理日本本田、日产、五十铃及美国通用汽车经销权），徐展堂则取恒昌的粮油代理等业务。"

但对于这样的分拆，恒昌行的大股东何善衡首先就十分不满买方的瓜分企图，所以不待进行价格谈判，就关闭了洽谈的大门。

《跟李嘉诚学创业》一书这样记载道："李嘉诚其实早已料到备贻必遭此挫折。李嘉诚对香港商界圈子内的人事十分熟稔。当他得知备贻的"拆骨"计划时，立即认定备贻必败无疑。李嘉诚太了解何善衡、梁球琚和何添这 3 位商界老行家的心思了，他们都曾经是商场中叱咤风云的英雄，也创下了辉煌的业绩。恒昌行是他们一生心血的结晶，当然希望能把它完整地保留下来，并且能够发扬光大。所以，哪怕价格低些，都好商量。而备贻意欲"拆骨"

三分天下的企图，恰好犯了老人的大忌。老人宁愿不卖，也不会眼睁睁地看着自己辛苦一生创下的基业分崩离析。

"李嘉诚才不会像备贻那样贸然。所以在备贻大张旗鼓地收购的时候，李嘉诚和荣智健只是秘密策划，并不急于出击，而是静候时机。"

备贻出师不利的消息一传出，以中信泰富为核心的新财团，立即加入收购角逐。新财团 Great Style 公司共有 9 名股东组成，前 6 大股东是：荣智健任主席的中泰占 35%。李嘉诚占 19%，周大福占 18%（郑裕彤倒戈加盟），百富勤占 8%，郭鹤年的嘉里公司占 7%，荣智健个人占 6%。

1991 年 9 月 3 日，双方达成收购协议。至 9 月 22 日，香港收购史上最大的一宗交易，为荣智健、李嘉诚等合组的财团完成。中泰控得这间贸易巨人，遂成为香港股市的庞然大物，市值至 1992 年年初膨胀到 87 亿港元。香港股市，一直视中资股为无物，此番，不得不刮目相看。

之后，荣智健突然向其他股东全面收购恒昌的股票。恒昌一役，李嘉诚名利双收，既赢得帮衬荣公子的好名声，又获得实惠——售股盈利 2.3 亿港元。

此后，中泰不仅有红筹股（中资股与国企股的统称），还于 1993 年上半年进入蓝筹股，中信的市值高达 100 亿港元。李嘉诚与荣智健联手合作，成为股市佳话。

与首钢合作，机缘巧合

从 1990 年初，李嘉诚辅佐中信收购泰富起，香港中资与内地国企，纷纷扯超人衫尾，欲借超人之力购壳上市，合组联营公司，利用双方的优势，在香港和内地同时拓展业务。最终李嘉诚又选择了首钢为合作伙伴。

首都钢铁公司，是中国特大型四大钢铁基地之一，有职工 27 万人。经营多元化，包括钢铁、采矿、电子、建筑、航运、金融等 18 个行业，在国内拥有 100 多家大中型工厂和 70 多家联营公司，在海外拥有独资、合资企业 18 家。

首钢有意在香港上市，看中了李嘉诚的巨大声誉与影响力，而李嘉诚也很看重首钢的实力。

《李嘉诚全传》一书中有着这样的记载："李嘉诚选择首钢，还有一个机遇因素。

"香港有一家'东荣钢铁'上市公司。该公司业务以经销钢铁为主，1990年，光钢筋一项就进口33万吨，占本港同年市场的1／3。东荣为李明治的联合系集团所控。李明治是香港股市著名的魔术师，不停地将全系各上市公司的股份倒来倒去，据说买家卖家都是他一人，害得小股东叫苦连天，不知所措。

"李明治涉嫌触犯证券条例，招致证监会等机构的大调查，如证据成立，李明治及其联合系集团将会受到严厉的处罚。在这种情况下，李明治走为上策，有意将旗下上市公司作壳出售。

"东荣钢铁与首钢的入港发展方向相吻合，它既可消化首钢的钢铁，还可将部分钢铁销往海外。"

所以双方一拍即合。

东荣钢铁公司业务以经销钢铁为主，与首钢的入港发展方向刚好吻合——既可消化首钢的钢铁，还可将部分钢铁销往海外。

据《21世纪经济报道》的记载："1992年10月23日，首都钢铁、长江实业、李嘉诚与加拿大资本合组的怡东财务、东荣钢铁在北京签订有关收购的协议，收购价9.28角／股，涉资2.34亿港元。收购方的股权分配是，首钢51%，长实21%，怡东3%，一共为75%东荣钢铁股权。

"1993年，4月2日，首钢、长实、怡东又一次联手，再次收购李明治控制的三泰实业67.8%股权，每股作价1.69元，共涉资金3.14亿港元。三泰实业是一家生产电子产品的上市公司。收购后，三家的股权分配是首钢46%，长实19%，怡东2.7%。5月，东荣钢铁从长实和怡东手中购回三泰实业的股份。同月，东荣钢铁正式改名为首长国际，三泰实业则归于首长国际旗下，后更名为首长科技。1993年5月18日，首长国际收购开达投资，重整后将其改名为首长四方。"

1993年8月12日，首长国际又集资1.74亿港元，收购建筑公司海成集团。

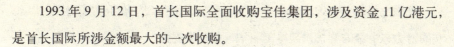

1993 年 9 月 12 日，首长国际全面收购宝佳集团，涉及资金 11 亿港元，是首长国际所涉金额最大的一次收购。

经过 5 次收购后，首长国际在香港站稳了脚跟，实力大增。于是，掉头向内地进军，与内地政府、企业达成的合作项目所涉金额达百亿港元以上。

美丽华：长实中泰双双挫败

美丽华酒店可谓是杨氏家族的祖业，但创始人却是一批外籍神父。20世纪 50 年代初，九龙尖沙咀有一家教会小旅店，专门收容被驱逐的、内地教堂的神职人员。1957 年，中山籍商人杨志云，战后从内地到港。1957 年在一个偶然机会中，买下这间小旅店后，便开始经营酒店业。从此这间小旅店不断发展，一再扩充。并于 1970 年上市。到 70 年代时已是拥有千余客户的一流酒店，享有国际盛誉。

美丽华是恒生指数三只酒店蓝筹股中唯一一只华资酒店股，也是唯一以经营酒店业务一度名列香港前 20 名上市公司的。它的大股东是创始人杨志云的杨氏家族。

20 世纪 80 年代初，佳宁和置地联手购美丽华一翼，价高 28 亿元，轰动全港。后佳宁破产，置地债台高筑，致使交易未成，双方对簿公堂，再一次轰动全港。

1985 年，杨志云逝世，其子继承父业，美丽华仍风生水起。整个 80 年代，美丽华一直业绩良好，盈利丰厚，但自 1989，香港旅游业空前萧条，入住率到 1991 年还未突破 50%。杨氏兄弟遭众股东指责，集团元老何添出任美丽华集团主席。

直至 1993 年，旅游及酒店业前景好转，加上其柏丽广场二期工程落成，收益增加，逐步复苏。然而，各大股东间的矛盾并未因此而消融。并且，杨氏兄弟也不是团结得如铜板一块，大哥杨秉正坚决不放弃祖业，而其弟杨梁则主张走投美国发展。这正是外强"入侵"的天赐良机。

外强之强，首推香港首富李超人与中资强豪荣公子合组的新财团。以长实的财力与中泰的背景，欲得美丽华，如瓮中捉鳖。

据《MBA 工商管理 800 案例》记载："1993 年 6 月 5 日，长江实业与中泰携手合作，以各占一半股权的协议，提出联手收购美丽华酒店集团的建议，每股收购价 15.5 元（认股证 8.5 元），总共涉及资金 87.88 亿余元。但此收购的条件还需要 80% 股东接纳方能生效。顺便说一句，这一收购价比市场预期要低。美丽华酒店集团于 9 日申请停牌，停牌前的市价为 14.8 元，比长实与中泰的收购价低约 5%。虽然李嘉诚表示，这次收购美丽华，是由美丽华一名大股东主动提出的，但持有美丽华 30% 多股权的大股东杨氏家族并未表态。"

美丽华是恒生指数三只酒店蓝筹股中唯一的华资酒店股，该集团主要资产包括：1. 美丽华酒店，位于九龙尖沙咀商业旅游区，估值 24 亿港元；2. 深圳蛇口南海酒店，估值 12 亿港元；3. 柏丽广场，第一期估值 10 亿港元，第二期估值 47.5 亿港元。这三项加起来，总估值 93.5 亿港元。

据《MBA 工商管理 800 案例》记载："到 6 月 10 日，市场传出有第三者计划争购，市价因之升上 16 元，超过了收购价。14 日，美丽华董事总经理、杨氏家族掌门人杨秉正发表公开信质疑收购行动，并称全部董事均未与长实及中泰达成共识，认为美丽华资产净值每股 20 港元，物业发展潜质佳等等。表达了他不满收购之情。到 22 日，杨氏又刊出启事，表示公开信内容可能使公众对李嘉诚先生与荣智健先生产生误解，谨主动向两位致歉等等。连日来，这种种事态使收购趋于复杂化。"

杨氏家族只持有 3 成多股权，李荣集团全面收购，仍取胜有望。

半路上杀进个程咬金——恒基集团李兆基的介入，使局势完全逆转了。

谁会想象李兆基会公开与李嘉诚"为敌"呢？本来，未陷债务泥淖的杨秉正，完全可抓住所持的股权不放。也许他真的担心"怀璧惹祸"，就寻找第三者为其"藏璧"。这个人必是先父的至交，并且财力居香港十强之列。

恒基集团的半路杀出，对事态的变化也很重要。恒基所起的作用，正是西方企业兼并收购中充当英雄救美的"白衣骑士"。白衣骑士是企业为了避

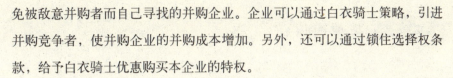

免被敌意并购者而自己寻找的并购企业。企业可以通过白衣骑士策略，引进并购竞争者，使并购企业的并购成本增加。另外，还可以通过锁住选择权条款，给予白衣骑士优惠购买本企业的特权。

得到管理层支持和鼓励的白衣骑士的收购成功可能性极大，当白衣骑士和攻击方属同一行业时，白衣骑士处于对自身利益的担忧，比如害怕攻击方收购成功，壮大力量，成为强有力的竞争对手，往往也乐于参与竞价，发起溢价收购，但此时介入往往意味着出高价，需要花费较大的成本。

真正促使李兆基下决心的，是美丽华前景广阔。于是，李兆基就给密友李嘉诚致命一击，与杨秉正私下签订协议。

根据《李嘉诚全传》一书的记载："杨秉正以极优惠的条件，让李兆基的恒基兆业以17元／股，从杨氏家族购得美丽华股权。一贯不抱买古董心理的李嘉诚，一反常态，把15.5元的收购价提高到17元，与李兆基的同等收购价对撼。

"到7月12日，以杨秉正为首的8名董事，仍拒绝百富勤（长实与中泰委托的财务顾问）的收购建议，他们还控有7.61%美丽华股权。以何添为首的5名董事持有5.37%股权，他们主张接受收购。

"7月16日，百富勤宣布至全面收购截止期，只购得13.7%股权及9.2%认股权证，股权未购满50%以上，承认收购失败。

"而李兆基通过市场吸纳，使其所持股权增至34.8%。因未过35%全面收购触发点，无须发起全面收购，却保持第一大股东地位。"

杨氏家族态度，是造成此次收购失败的重要原因。特别对于李嘉诚一向奉行的善意收购来说，这个问题更显得无比关键。杨家既没有经营困难，也没有表示合作，收购也就当然不易成功了。由此可见，对于善意收购来说，讲究时机是多么重要。

 延伸阅读

李嘉诚：中国和亚洲人的时代

今天我能够站在北京大学讲台上和各位讲话及接受这样的荣誉，感到极大的荣幸。这将烙印在我心中，毕生难忘。

世界在蜕变中，既向我们展示前景，又显现出挑战性。面对我们的有三种别于往日急剧转变的时代，就是：科技时代、开放时代和亚洲人的时代。现在科技的发展，除了穿梭太空之外，对衣食住行民生的改善，亦有多方面的贡献。科技时代的来临使很多过往的梦想变为事实，使我们的生活有进一步的改善。高科技的发展加速了我们的生活节奏。历史命运使中国迟于起步，因而我们急于需要推展中国的经济和科技现代化，来配合高科技下生活的来临。

我们面对的另一个改变是开放时代的来临。祖国近十年的变化就是佐证。整个世界，连最保守的国家的经济政策也开始走向改革开放，甚至让外国人参与投资的局面。祖国在改革开放政策下经济发展迅速。全国农民都享受到政府改革开放带来的利益，收入大幅度增加。尤其是一些南方地区的经济和工业发展更见成效。今日国民生活与过去 10 年相比，水平已见大大提高。我们应感谢国家领导人的改革开放方针，它给我们的社会带来繁荣和进步。

希望开放政策继续进行和发展，开放的尺度再为扩大，它将会给每一个国民带来更多的发展机会。

由今天起到跨越 21 世纪，我们可以展望到的亚洲人的时代，亦即是中国人的时代。

从过去的二三十年至今，崛起的亚洲国家已直追欧美。上世纪 70 年代东亚经济的年平均增长率已达百分之五点五，比同期欧洲经济共同体的增长率高出一倍。80 年代东亚地区平均增长率是世界之冠。90 年代地位更在确

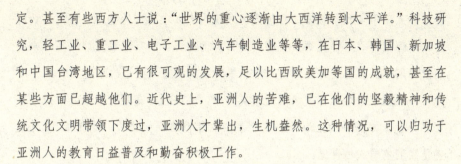

定。甚至有些西方人士说："世界的重心逐渐由大西洋转到太平洋。"科技研究，轻工业、重工业、电子工业、汽车制造业等等，在日本、韩国、新加坡和中国台湾地区，已有很可观的发展，足以比西欧美加等国的成就，甚至在某些方面已超越他们。近代史上，亚洲人的苦难，已在他们的坚毅精神和传统文化文明带领下度过，亚洲人才辈出，生机盎然。这种情况，可以归功于亚洲人的教育日益普及和勤奋积极工作。

反观今日欧美社会，除部分城市治安欠佳外，更有部分国民期望享受免费午餐心态。大抵欧美先进国家对福利过分优厚，失业人士可以领救济金。相反，对就业的人却抽重税。渐渐使得领救济金的失业者和低薪而勤奋工作的人收入相差不远，引致工作意欲减低。再加上国家每遇到竞选时，参选者为争取选民的支持，过分地向选民承诺一连串福利，讨好选民，以致国家长远利益受损。过分的福利结果令市民带来巨额的缴税负担。这样因循下来，犹如饮鸩止渴。社会的经济状况便出现问题，赤字日增。

但是今日领导着世界尖端科技的国家仍是美国。它是个资源丰富、潜力强大的国家，而且乐于接受有才能的其他国籍人士在那里公平竞争和发展。所以在美国，不少的杰出人才都是别国移民。这种吸纳人才的气候使美国的研究和发明特别多。可是他们的国民大部分都有追求收入多、工作少的心态，他们发明后的产品都要转移到国外生产，以求达到价廉物美的效果。如在日本及亚洲其他地区生产，因而促进了亚洲的经济繁荣。但在今天的日本工商业也急起直追，投资于新科技研究及发展的基本在比例上已高于美国。

目前整个世界形势：亚洲，尤其是中国，在改革和开放政策下出现了无穷无尽的机会。无论经济、教育、工商业、农业的发展，各方面都表现出大步迈进。整个亚洲的形势非常蓬勃，处处充满生机。

我们应该怎样掌握机会去配合亚洲人时代的来临呢？虽然祖国的国力和我们的文化潜藏深厚，但是我仍然认为，只有大力发展教育事业，才能把我们的国家推向世界先进国家的行列。我们要普及教育，发展高等教育，更要悉心培育国家的精英分子，这样，肯定会加速我们发展的步伐。

在亚洲国家中，日本人最重视教育，他们的文盲几乎等于零。而欧美社会中的亚裔学生和学者往往有优异的表现，尤以中国人为甚。目前大多数的亚洲人都抱着"怎样使明天更好"的目标而努力。所以照我估计，在未来的一段时期中，亚洲人的国民收入增长率将会持续高于先进的欧美国家。

今天在座的各位都是祖国的精英分子，在我国的高等教育事业中扮演着重要角色。如能再加上海外侨胞学者，人才济济同心协力，我相信 21 世纪将是我们中国人的世纪。

教育事业为中国人培育元气，是国运之所寄。在这里，我深深感到不仅要向北京大学的教育工作者致敬，也应向整个国家教育界致敬。老师们在清朴的生活条件下，仍然兢兢业业，为国家培养人才，为迎接大时代的来临而努力。至于在座同学，我则寄望各位要不枉所学，不负所志，在五彩缤纷的亚洲中大展身手，为国家为人民创造更美好的明天。

我相信绝大多数的中国人都希望中国强大。如果要使中国富强，教育是最要紧的途径。如果我的亿万财富能换取世界和平，让孩子得到母爱，让亲人得到团聚，让勤奋的青年得到教育，让贫病的人们得到温暖和及时的治疗，我有什么舍不得呢！

（本文为李嘉诚于 1992 年 4 月 27 日在北京大学的演讲）

第*9*章

"扶助中资、扩张内地"

——李嘉诚论内地投资项目

中央对香港很好，又有自由行，又有 CEPA，
各种各样的措施，都是为了香港好。我很同
意，经济继续发展下去，香港市民都会感受
和享受到经济复苏的成果……

进军内地零售业

李嘉诚祈望祖国早日繁荣富强，自 1979 年中国实行改革开放以来，除大力支持祖国发展教育、医疗卫生、文化事业外，也积极投资祖国内地。从 1980 年起，他在广州参与兴建中国大酒店的投资建设。

他属下的和记黄埔有限公司，在 1980 年就设立和记黄埔（中国）有限公司，旨在"为集团之整体利益与中国建立长远全面性之互利贸易关系，并且撮合中国与先进国家间之贸易及投资机会"。

当李嘉诚携百佳和屈臣氏进入中国内地的零售市场时，这还是一片对港商乃至外资完全空白的市场。首先是在 1984 年，百佳在内地的第一家门店于深圳蛇口开业，成为首家登陆中国内地的外资零售商。

然后到 1989 年 4 月，和黄旗下的屈臣氏在北京开设了内地第一家店。作为最早进驻内地的超市和个人护理品连锁，百佳与屈臣氏其实并非最强势的外资零售连锁企业。

李嘉诚非常看好中国经济发展 30 年来的高速增长。随着中国加入WTO，这更坚定了他的信心。在一个公开场合，李嘉诚曾经明确表示，长江实业多年来对中国内地的投资很多，而中国加入 WTO 后我们的商机将会更多。有些业务领域过去没有涉及，往后可能会涉足。最关键的是认清方向，把握好机会。

总的看来，李嘉诚在内地拓展的方向始终没有偏离传统产业的基础业务，其目标主要锁定在五个方面：地产、通信、港口网络、媒体和生物科技。

作为商界巨子，李嘉诚有这样一种预感："由今天起到跨越 21 世纪，我们可以展望到的是亚洲人的时代，亦是中国人的时代。"

在金融危机的压力之下，李嘉诚的实体经济中，地产石油能源的压力不用说，港口也会是"中国制造"折戟的受害者，而屈臣氏、百佳等零售板块，虽然还不是世界级的，但支撑"长江实业"在香港的现金流，应该绰绰有余。

百佳

1984 年 10 月，李嘉诚之香港和记黄埔集团成员屈臣氏集团的下属机构百佳在深圳蛇口开设第一间超级市场，成为首家登陆中国的外资零售商，同时开始了在中国内地零售业发展的新历程。

百佳，成立于 1973 年，是一家在香港及国内具有领导地位的连锁超级市场企业。在零售业高度成熟的香港，百佳是当仁不让的零售业领跑者，门店数达 200 多家。20 多年来，百佳在中国内地的业务稳健发展，至今已拥有 43 家分店，其中：珠三角 35 家，珠三角以外区域 8 家，店铺遍布广东珠江三角洲地区、西南地区、华中地区、华东地区及北京等地，每周为全国超过 166 万的消费者提供服务。

据《21 世纪经济报道》的报道："到 1992 年，中国开始进行零售业对外开放试点，只限于京、沪、津、穗等六个城市和深圳、厦门、汕头、珠海、海南五个特区，每个地点允许试办一到两家合资零售商业企业，但批发业仍禁止外资进入。同年，中日合资的浦东第一八佰伴商场投入运营，零售业开放的大门，又被推开了。

"到 2000 年，中国政府发布《外商投资商业试点办法》，将开放地域由原来的 11 个城市扩大到所有的省会城市、自治区首府和中心城市，经济中心城市可以增加一到两家试点企业；外资可以办单店，也可以办连锁店；在京、沪、津、蓉开始允许批发业合资、合作试点；外商投资比例限制也有所松动。从 1995 年到 2000 年，外资零售企业在华销售额平均增长高达 43%，世界 50 家最大的零售业企业已有七成进入内地。接下来的亦无需多言——零售业开放的大势在中国加入 WTO 后，越发不可逆转。担当'掘井人'的李嘉诚，让众多的外资零售商尝到了中国市场的活水。"

屈臣氏

大约在 1828 年，有一位叫 A.SWaston 的英国人在广州开了家西药房，取名广东大药房。1841 年药房迁到香港，并根据粤语发音将公司名译为"屈臣氏大药房"（A.SWastons&company），这就是屈臣氏的由来。屈臣氏在 19 世纪初的义诊及送药的行为曾为它赢得了良好的社会形象，而它曾为孙中山在香港就学时提供奖学金的故事，更是使得这个品牌不胫而走。这个以药店经营起家的公司至今仍保留着这一特色，在 1981 年成为李嘉诚旗下和记黄埔有限公司全资拥有的子公司后，凭借和黄雄厚的经济实力和灵活的经营理念，屈臣氏经营的品牌涵盖之广之丰，在亚洲迅速崛起，成为家喻户晓的零售品牌。

如今，在李嘉诚之香港和记黄埔集团成员屈臣氏集团的下属机构屈臣氏销售的商品中，药品占 15%，化妆品及护肤用品占 35%，个人护理用品占 30%，其他的 20% 是食品、美容产品以及服饰品等。将产品品牌与企业品牌合二为一，其中最重要的一点，就是可以降低消费者对自有品牌的认知成本，提高消费者的忠诚度，从而在同质化竞争中另辟蹊径。

屈臣氏个人护理用品店经营的商品可谓包罗万象，这些商品来自 20 多个国家，有化妆品、药物、个人护理用品、时尚饰物、糖果、心意卡及礼品等 25000 种。这样一种产品系列组合的价值，就是在差异化的品牌延伸中，通过辅导顾客成功来保证屈臣氏的成功。

屈臣氏个人护理店是集团首先设立的旗舰零售品牌。凭借其准确的市场定位，使其"个人护理专家"的身份深入人心，以至于人们一提到屈臣氏便想到"个人护理专家"。

2009 年李嘉诚的屈臣氏个人护理店宣布了"百城千店"计划，计划 2011 年，屈臣氏的全国店铺数量将达到 1000 家，投资金额将达到过亿人民币。这意味着李嘉诚看好内地零售业的发展，并开始大力扩充这块业务。屈臣氏中国区董事总经理罗敬仁表示，中国市场很大，个人护理店领域还有很大的空间，经济危机下，国外市场不得意，很多知名品牌转而加大国内投资。

当金融海啸来袭之后，李嘉诚立即组织集团高层开会讨论，做出"将屈臣氏自有品牌产品销售额由 25% 提升到 30%"的重要举措。屈臣氏的大举扩张紧随其自有品牌打造的低价策略之后。

近几年来，屈臣氏集团的零售业务已经成为和记黄埔业绩的重要支撑。来自高盛发布的研究报告则显示，受益库存管理及中央采购等重组计划，预计屈臣氏 2009 年的整体营业额仍会实现增长，毛利率亦可持续改善。

看好内地房地产市场

1992 年即进入内地的"长和"对内地地产的投资比例一度被严格控制在较小的范围之内。政策风险、市场不透明、消费模式不成熟等因素"阻碍了其在内地快速推进的决心"。然而对于内地房地产市场的巨大容量和增长潜力，一向善于把握市场机遇的李嘉诚显然不会视而不见，所以一旦投资环境成熟，就开始了大规模的地产布局。

1993 年李嘉诚宣布：转向中国内地市场拓展。1993 年 3 月 16 日，香港李嘉诚汕头大学基金会有限公司与汕头市政府达成协议的汕头第一城开发有限公司成立。

从布局地域看，2003 年和记黄埔在内地仅布局了 7 个一级城市，2004 年至今则在此基础上又扩展了 6 个二级城市，已经基本完成了其对一级城市和主要二级城市的战略布局。

2005 年，对中国的房地产业来说，正是"遍地鲜血"的时候——国家连续出台的针对房地产的一道道宏观调控措施，带来土地和资金游戏规则的双重改变，令内地的房地产业一片肃杀。然而，对李嘉诚来说，这却是一个"最好的投资时机"。李嘉诚表示：

当大街上遍地都是鲜血的时候，就是你最好的投资时机。

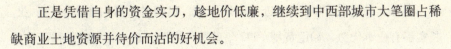

正是凭借自身的资金实力，趁地价低廉，继续到中西部城市大笔圈占稀缺商业土地资源并待价而沽的好机会。

2005年上半年，李嘉诚在内地就圈下了近300万平方米的土地。其迅猛增长的土地储备，似乎正在重演20世纪70年代一举成为香港除政府之外最大"地主"的惊人一幕。

2007年4月，长江实业与和记黄埔联合以24亿元投得重庆市南岸区杨家山片区地块，该项目总建筑面积为410万平方米。规模之大，相当于再造一个新城，预计总投资将超过120亿元人民币。

按照李嘉诚2008年的安排，和记黄埔今后会主攻二、三线城市的高端市场，长实重点将放在一线城市。

在相当长的时间内，其地产投资重心仍会放在香港。但从长远来看，香港地产经过多年的开发，发展空间越来越小已是不争的事实，显然内地在李嘉诚的地产战略中将扮演越来越重要的角色。

独立经济学家谢国忠在接受《华人世界》杂志采访时指出，内地情况与香港有根本不同。内地地域广阔，内地的黄金地段到处都有；香港的黄金地段寥寥。香港土地稀缺，内地却有大量地块待价而沽，地方政府热衷于土地开发，使内地房地产开发呈现遍地开花之势，大量圈地囤地也拉升了中国内地房价上扬。

市场的广阔性与分散性，决定了内地开发商的竞争规则与香港不同。他们不仅要争夺位置最佳的土地，也要取悦越来越挑剔的购房者，还得在整体规划上满足地方政府的要求。

李嘉诚开足马力全国圈地，其葫芦里到底装的是什么药？著名经济学者郎咸平在接受《华人世界》杂志时说，这是李嘉诚的风险防范。李嘉诚降低经营风险的秘诀就是把风险分散，但他不是盲目地看到哪里赚钱就往哪里投钱。

随着内地经济起飞，房地产亦日渐升温，长实执行董事赵国雄称，近两年长实开始逐步建立自己的团队，北上发展。"现在盘太多了，单上海就有百几个地盘，和记黄埔根本做不完，需要两个团队一起发力！"

　　名义上长实是 2008 年才进军内地市场，但相对于国内许多地产企业，长实都有成本优势。和记黄埔 1992 年就进入内地，这为长实的长袖善舞提供了坚实的基础。虽同为李嘉诚旗下的公司，但长实过去的发展步伐较和记黄埔慢。作为兄弟公司，长实与和记黄埔在内地的发展是有分工的，基本上每一个项目都是各占一半股份，谁找回来谁主理，但以前一直以和记黄埔为主，投标土地是和记黄埔，项目亦交由和记黄埔经营。以前内地项目少，有和记黄埔做就成了！两家都去，只是同自己人争！

　　而从长实·誉天下开始，长实将重点在北京、上海、广州三地开发高档住宅项目，而在二、三线城市依旧是和记黄埔独立开发，项目定位也偏中高档。这是李嘉诚内地地产业务的重新规划。

　　2009 年 4 月，李嘉诚在内地最大的一笔投资——上海真如项目逆市开工。公开资料显示，该项目总建筑面积 114 万平方米，预算总投资额近 100 亿元。李嘉诚还派出了平时很少露面的长子李泽钜亲自到现场督导开工。李泽钜说道："项目规划已经全部通过审批，预计到 2018 年前完工。"

　　《东方早报》报道指出："在真如项目启动的支点处，李嘉诚早已一步步埋下了'资本砝码'。首先，2006 年 12 月以 22 亿元拿下真如项目地块。2007 年初，长和系三家附属公司成立了合资公司，投资 36 亿元专门负责运作该项目。2008 年到 2009 年初，李嘉诚对上海物业前后进行了四次'清仓'行动。第一次，出售世纪商贸广场写字楼物业，获得 44.38 亿元资金；第二次，转让御翠豪庭 36 个商铺，预计收益超过 10 亿元；第三次，黄金城道商铺转租为售，回笼资金超过 10 亿元；第四次，抛售御翠园 8 栋别墅，预计套现44 亿元。

　　"四次'清仓'下来，李嘉诚在上海正好可以获得超过 100 亿元的现金，这与真如项目 100 亿元的投资额正好一致。"

　　李嘉诚表示，除香港外，"长和系"近年积极拓展内地市场，集团一直在内地增加土地，就算是在最困难的时刻也没有停止，期望可以"货如轮转"。

　　他重申，内地地产业务是长期经营，不是投机，在内地投资历年以来，从来没有出售一寸土地；除特殊情况，集团将待项目完成后才出售或出租。

他认为，内地土地供应多，楼价难以像香港一样一年之内上升两成，只会平稳逐步向上。

2009 年 4 月，李嘉诚表示，因内地维持稳固发展的利好因素支持，长实将把握机会"以合理价格购入有潜力之优质土地"。但郭子威也表示，不会因此而突击增资来大举圈地，集团会以积极而审慎的投资策略开拓当地市场，集团会从长远考虑按计划保持投入的比例。但他强调，对中国内地市场充满信心。

仔细回顾房地产，不难发现，地方政府、银行体系和房地产商休戚相关的利益绑定，注定了即使在金融危机的影响之下，内地的地产业不会像当年的香港那样出现集体崩盘。资金困难了，有银行会主动延期还贷；需求不旺了，有地方政府减免税费刺激消费，这样的兜底，令房地产已经成为无法破产的行业，这一点李嘉诚自然是心知肚明，所以才底气十足地公开表示："对未来 2 到 3 年的地产价格持乐观态度。"

2009 年，李嘉诚表示，集团在国内的房地产业务属长期性经营，并非投机，买回来的土地，除非不获批准，否则一定发展成现楼出售或收租。他表示，20008 年至 2009 年都有在内地吸纳土储，未来仍会继续，而旗下国内楼盘北京"誉天下"销情不俗。他指，国内地多，若楼市出现复苏，楼价亦不会在一年间升 20%，相信楼价会拾级而上。

李嘉诚曾对媒体表示看好内地市场：

> 相信未来经济增长会保持在 8% 以上。而在开拓业务方面，保持现金储备多于负债，要求收入与支出平衡，甚至要有赢利。

投资港口货柜码头

1992 年 8 月 6 日，李嘉诚发布本集团中期业绩报告，阐明投资重点转移到内地的条件及方针：

中国未来之国民经济将有较大幅度之增长，前景令人鼓舞。香港地区整个经济体系亦将由此而得益，为平稳过渡做好准备。自年初邓小平到深圳后，中国开放改革的势头得到深化，本集团在大陆的投资的确增大了。

李嘉诚进军大陆港口市场，属于战略性投资。初期，和黄曾有一个基本的投资策略，即"上海以南的（港口）就做，上海以北的不做"。但在完成重要口岸的战略布局后，这一定律已被打破。

在深圳盐田港投资中，李嘉诚开始在内地可谓是声威大震。最开始，李嘉诚在提出这个盐田港计划的时候，曾遭前和黄集团大班马世民竭力反对。马世民说："我确实不赞成在内地搞货柜码头，因为1997年后，香港成为中国的一个特区，我们在香港货柜码头坐大，深圳又搞一个，等于抢香港的生意，自己打自己。"李嘉诚则表示，深港间的大鹏湾是天然深水港，我们不抢先建盐田港，别的财团也会抢着去干，那将成了"我们与他人对打"。

据《今日东方》的记载："1992年，和黄介入经营盐田港一、二期码头，最初和黄对盐田国际的控股比例高达73%（后减持至48%）；2000年底，盐田港进行资产重组，大股东盐田港集团置入盐田国际（27%股权）和梧桐山隧道（50%股权）两块优质盈利资产；2002年，和黄追加投资参与总投资66亿元的三期工程，占有45%的股份。在此次投资的同时，和黄曾被广州方面数次邀请扩建新港集装箱码头项目，但均以'有关投资项目并不适合'为由告吹，而甘愿将总投资达9.67亿美元的大蛋糕拱手让与了新加坡港务集团。另外，面对广西北海方面频繁抛来的橄榄枝，和黄也以'还要对国家政策继续观望'为托词加以回避。可见，在和黄的眼中，盐田港是珠三角独一无二的'明珠'。盐田国际已经成为和黄旗下最具增长潜力的集装箱码头。"

从1994年起，盐田港集团首次开始与和黄合作，至2005年盐田港区吞吐量已由原来的1.3万标箱增至2004年的648万标箱，占深圳港吞吐量的近50%。港区占地面积208公顷，拥有9个集装箱深水泊位，开辟了75条国际航线，成为华南地区重要的进出口通道。

在与盐田港合作的同时，李嘉诚在 1992 年 9 月间在上海考察码头设施，然后他觉得可以在此"动手脚"。于是，他不久就采取了行动。11 月 23 日，和黄集团及上海港务局，就合作经营项目——上海集装箱码头有限公司达成原则协议。据协议和黄投资 60 亿元人民币，建设金山标准集装箱码头、国际深水港码头等项目。

随着中国加入"世贸"，国内进出口量大增，将有更多的货物通过内地港口进出。李嘉诚积极拓展内地港口业务，可以从中分一杯羹。

2001 年，李嘉诚说：

> 和黄在内地的港口业务日常运作相当好，增长也十分理想，有 10％的增长，甚至 20％的增长。
>
> 和黄在内地的港口投资是长线投资项目，和黄已经参与内地港口业务超过 10 年之久。

2001 年，香港经济不景气，长实与和黄的盈利大幅倒退，和黄来自香港的港口业务收益大幅减少，在香港港口处理的吞吐量下降 7%，但在深圳盐田港的业务同期则有 23% 的增长。

至于港商包括长和系高层正争取内地容许外商及港商可以持有内地港口的控制性股权，以及内地港口业务会不会出现由和黄垄断等提问，李嘉诚响应说：

> 不管任何人都没有可能在内地垄断任何一项业务，尤其是交通业务，和黄的港口业务一向强调互利的基础。

2005 年，和黄又参与了深圳盐田港集团的三期扩建工程。该扩建工程由香港的和记黄埔港口集团与深圳盐田港集团合资兴建，双方各持股 65% 和 35%。整个工程将投资 114.8 亿元人民币，计划 2009 年全部完工。

李嘉诚在签约仪式上预言：

今后华南地区仍将是全球经济高速发展的地区之一，盐田港区有潜力进一步带动深圳港口经济的发展，和记黄埔将配合深圳港实现世界大港的创建目标。

2005 年 10 月，和黄港口与大连港将共同投资 22 亿元经营两个矿石码头，双方各占五成股权。和黄港口集团董事总经理马德富表示，本次投资的大连矿石码头项目是和黄在中国内地投资的首个非集装箱码头设施。以矿石码头项目为切入，和黄港口还将与大连港进一步探讨在国际邮轮城、老港改造、油品、粮食等领域的合作。

近年来，和黄积极扩展内地的港口版图，但主要是围绕在集装箱码头项目。2007 年，和记黄埔港口集团有限公司与厦门国际港务股份有限公司已成立合资公司，共同经营厦门海沧港 1 号泊位，并协调厦门国际集装箱码头於海沧港区 1-3 号泊位的经营。合资公司总投资额为 7.38 亿元人民币，注册资本为 4.55 亿元人民币，和记黄埔港口持股 49%。

2008 年，李嘉诚表示：

随着香港厂商北移，在内地货柜码头付运较为方便，相信在未来四年左右，香港将难以保持全球第三大港口的地位。

由于地理因素，加上香港经营成本问题，内地货柜码头正迎头赶上，现时香港吞吐量达 2400 万标准箱位居全球第二，深圳有 2000 万标准箱，并以高速增长，而上海方面亦增长迅速，相信香港很快会被超越。

2008 年 8 月，李嘉诚表示香港港口收入下跌与消费市道没有直接关系。他解释，香港近年的港口业务已从出入口变成转口生意，货物由内地进入香港再作转口，每个箱会作双重计算，因此虽然吞吐量增加，但港口经营商的利润反而降低。而集团旗下盐田港上半年出口量减少，原因是大部分货物属于美国运线，受美国进口量下降影响。但李嘉诚指出，即使香港或盐田港的业务下跌，相信旗下全球的港口整体业务仍录得增长。他又指，现时集团在全球包括内地的泊位计，泊位数目已达 300 个，同时在各国还有很多在建的泊位。

李嘉诚何以如此看好内地港口业的发展？据《知识经济》杂志分析："港口市场有高门槛、高垄断、高回报、低竞争的特性。港口投资规模通常都很大，有时会达到数十亿规模，这为其他企业的进入增添了屏障。港口业务具有天然垄断性，并且不可能被新技术所取代，一旦进入就会处于非常有利的地位，同时还会带来非常稳定的现金流，这是很多规模巨大的投资所缺乏的。从行业的角度，港口业务是投资回报相对较高的行业，目前平均可以达到 70%。

"更重要的是，这里还有一个重大的支点性研究结论：对于中国这样一个大陆型经济体来说，市场的价值往往取决于供应量。港口是中国内地地区唯一在供应量方面，具有可控制性前景的建设市场，谁控制了港口，谁就能充分、直接地分享中国经济增长所带来的好处。"

联手打造中药国际化

20 世纪 80 年代，国际上对中药及天然药物的研究不断升温，各大跨国制药企业纷纷建立研究机构，搜集中国的经典古方、验方，拿到国外研究和开发，然后申请专利，生产中成药或者保健品。日本、韩国则更进一步，其中日本早就研究透了 200 多个汉方制剂的处方，已经步入建药材基地、建饮片加工厂的阶段。目前，在国际市场上最吃香的"中药"，几乎都是日本参透得来的"汉方"，而真正中国产的中药仅分得市场一杯羹。

和黄集团高层黎启明表示：李嘉诚一直有很深的中医药情结，对他而言，仿制药或外包生产的挑战都不够大，利润率也不够高，唯有中药是他的最爱，和黄曾与香港新世界集团联手投资 50 亿美元打造香港的"中药港"。

要为中药正名，恢复它在国际市场应有的地位，就必须要让中药国际化，这是一件造福人类的大事。李嘉诚有着深深的"中药国际化情结",他想为自己、也为全体中国人,圆一个"中药国际梦"。

香港特区时任行政长官董建华在 1997 年的施政报告中指出:香港具备足够的条件,在中药的生产、贸易、研究、资讯和中医人才培训方面取得成绩,并逐渐成为一个国际性的中医中药中心。在成功抵御亚洲金融风暴的冲击之后,在 1998 年的施政报告中,董建华再次表示:通过应用创新科技,中医药可以成为另一个促进香港经济增长的行业,并以此提高香港在国际市场上的竞争能力。

此时,李嘉诚毅然与香港新世界集团公司主席郑裕彤联手,投资 50 亿美元打造香港"中药港",准备进入国际市场一争高低。

然而,几年来"中药港"一直没有出现轰轰烈烈的场面,究其原因,业内人士认为,根子在于:香港缺乏有分量的中药主体企业支持。中药产业需要深厚的积累,并非靠资本运作就可以简单解决;与此同时,可以作为支撑的内地中药企业的发展,与香港市场的契合又不可能在一朝一夕间完成。唯一的出路是,推动者直接控制中药业发展的脉搏。

我国是中药发源地,拥有精深的医药理论、丰富的用药经验,深厚的中医药文化底蕴,这是中药产业竞争力的核心支柱。加速中药产业的现代化、国际化,是中药业未来发展的必由之路。否则,中药不但不能走向国际市场,弄不好连这传统"国粹"本身都要被丢。

和黄中国医药科技成立于 2000 年,主要从事研究、开发、制造及销售以传统中药及植物成分提炼而成的医药、保健品等,是和黄全资控股的公司。

据《环球时报》的记录,2000 年 10 月 7 日,同仁堂科技尚未在香港上市,和黄全资附属的和记中药便与之联手,在香港成立了同仁堂和记(香港)药业发展有限公司。同仁堂科技一上市,李嘉诚又以战略投资者身份成为其第二大股东。到 2003 年底,和黄更是把目光转到内地,直接与同仁堂集团总部合作,共同成立了一家合资企业。

2001 年 8 月,和黄出资 50% 与上海市药材公司旗下上海中药一厂合资成立上海和黄药业。

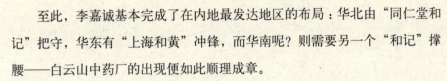

　　至此，李嘉诚基本完成了在内地最发达地区的布局：华北由"同仁堂和记"把守，华东有"上海和黄"冲锋，而华南呢？则需要另一个"和记"撑腰——白云山中药厂的出现便如此顺理成章。

　　2001年，同属和黄旗下的"和黄药业大药房"已经登陆欧洲，兼营中西药，至今已在英国开了700多家连锁店，堪称和黄中药国际化进程中的"探路前锋"。2006年5月19日，和黄再做惊人之举，分拆和记黄埔有限公司（0013. HK）旗下和黄中国医药科技公司在伦敦创业板上市，筹资约4000万英镑，作和黄进一步扩展中药业务之用。

　　银河证券刘彦明表示，和黄分拆中药业务在英上市主要有两个目的：第一，提高中药知名度；第二，便于和黄中药业务在欧洲的开展，并形成国际性网络。

　　新时代证券公司的高级分析师东方语表示，为配合中药国际化的部署，和黄应该采取的另一重要举措就是尽快扩大其国内中药业务实力，而捷径就是收购目前在中药行业名列前茅的企业。针对这一说法，和黄公司表示，在英国上市后，和黄中药科技公司将继续寻求收购。

　　完善的分销渠道是中药走向世界的必要条件，除此之外，中药在国际化的过程中，除了提升科技含量外，还要改变其在海外作坊式生产的"老印象"。而国内中药企业与李嘉诚联手刚好可以弥补这一点。原因很简单：没有人相信和黄会是作坊式生产。

第10章

"仁慈的狮子"

——李嘉诚论慈善投资

我告诉我的孙儿，做人如果可以做到"仁慈的狮子"，你就成功了！仁慈是本性，你平常仁慈，但单单仁慈，业务不能成功，你除了在合法之外，更要合理去赚钱。但如果人家不好，狮子是有能力去反抗的，我自己想做人应该是这样。very kind，非常好的一个人，但如果人家欺负到你头上，你不能畏缩，要有能力反抗。

李嘉诚基金会

我吃一个苹果的滋味跟我儿子吃的苹果的滋味是不一样的，如果我不能忘记这个滋味，就更要来帮助还在尝这种滋味的人。

这是多年前李嘉诚对外表达的想法。

1938年，日军轰炸潮州，其时李嘉诚正在初中读书，迄今他还记得投掷的炸弹落在身边的情景，生死只有一线之隔。一年之后，李嘉诚随父亲李云经由汕头流亡至香港，这一经历使得李嘉诚对医疗与教育始终有着不同寻常的关注与感情。李嘉诚回忆道：

我从小时就绝不相信命运，年幼时可说生不逢时，抗日战乱，避难香港，父亲病故，15岁挑起家庭重担。小孩子的时候，我是非常非常喜欢念书的人。先父是染了肺病逝世的，先父进医院两三天，我就知道我自己也有肺病，因为13岁小孩子懂得去买旧的医书来看。几年来，一个医生都没有看过，早上痰有血，下午发热，所有症状，没有人可以讲，记起这个，真的是无处话凄凉，不尽辛酸。

那个时候肺病是必死之病，去照X光片，医生会吓起来。我的肺里面好多不同的洞，已经钙化了。到了那个时候怎么医呢？吐血吐了很多，你也没有钱，如果有什么伤风了，身体不好了，喝盐水。盐水不能治病。但是你如果喉咙痛啦，伤风发热啦，盐水会有用。21岁的时候，我的肺病已经好了。

我 18 岁已经做经理，19 岁做总经理，负责办公室的工作和工厂的工作。虽然打工，我一天都做 10 多个小时，有的时候做到晚上，做得非常非常疲倦，公寓晚上 11 点就没有电梯了，我常常爬楼梯到 10 楼住所，有时候疲倦得不得了，就闭着眼睛爬。我说，我一定有一个办法，可以令到我自己爬楼梯的时候舒服一点，就一边爬，一边数楼梯，数够了楼梯级数，就睁开眼睛……

李嘉诚少年经历忧患，12 岁便辍学到社会谋生，深深体会健康和知识的重要。李嘉诚认为对无助的人给予帮助是世上最有意义的事情，教育及医疗两者更是国家富强之本，他也认识到个人力量到底有限，唯有事业成功，才能对社会和国家作更大的贡献。故早年随着事业进展、行有余力的时候，便热心慈善公益，支持内地及本港的教育医疗事业。

早在 1980 年，李嘉诚便成立李嘉诚基金会，一直致力参与公益事业，并通过资助能提升社会能力的项目，达致基金会的两大目标：推动建立"奉献文化"及培养创意、承担和可持续发展的精神。李嘉诚基金会及由李嘉诚成立的其他慈善基金对教育、医疗、文化及公益事业支持的款额达 107 亿港元。此外，李嘉诚亦推动旗下企业集团捐资及参与社会公益项目。

成立李嘉诚基金会源自李嘉诚突然领悟的一个道理：

我现在有两个儿子，如果，我不是两个儿子，而是三个儿子，我是不是也要给第三个儿子一份财产？

只要将基金会视为第三个儿子，财产分三分之一给基金会，就理所当然。李嘉诚心念一转，豁然开朗。李嘉诚对《商业周刊》编辑团队说出当时的心情：

这个思想上的突破，让我开心了很多天！那种安慰、愉快的感觉，实在是笔墨难以形容！

李嘉诚，用独到的方式诠释商人的社会地位。而且，相较于许多企业家成立基金会，节税考虑大于捐助，李嘉诚的私人捐款，全部是缴税后捐出。

李嘉诚表示：

> 人生在世，能够在自己能力所逮的时候，对社会有所贡献，同时为无助的人寻求及建立较好的生活，我会感到很有意义，并视此为终生不渝的职志。

李嘉诚始终认为内心的财富比外在的财富更重要。外在的财富可聚亦可散，只有"鄙利己，奉博爱"的内心财富才是真财富。所以，他把1980年创办的"李嘉诚基金会"戏称为"第三个儿子。"他说："我就算是把财产留给两个儿子，他们也只是多了一点儿。我着力培育'第三个儿子'，是想让更多的人得到多一点。"

李嘉诚的事业，说到底是两件事：一是如何"利从义出"的"赚钱"生意；二是如何回馈社会的"不断花钱"。

2005年年初，李嘉诚把出售加拿大帝国商业银行权益所得的78亿港元，悉数捐予李嘉诚基金会和李嘉诚（加拿大）基金会。

2006年，李嘉诚继续向旗下慈善基金会捐出巨额的私人财富，把价值24亿元的长江生命科技股份，转赠李嘉诚基金会。李嘉诚表示，最终会把不少于三分之一的私人财富，捐到他视作"第三名儿子"的李嘉诚基金会，但明言不包括长实、和记黄埔、加拿大赫斯基能源3家公司的股权。

> 长实、和记黄埔、赫斯基三家公司的股票，无论现在或将来绝不会投进基金会。

除了这三家公司的股票外，其它资产都可以捐出。对于美国股神巴菲特将个人大部分财产捐给微软主席盖茨私人的慈善基金，李嘉诚亦很佩服，但涉及可能要出售长实及和记黄埔股份，影响两家公司，他亦不想影响长实、和记黄埔或赫斯基的业务。

李嘉诚解释，长实是整个企业的控股公司，和记黄埔是涉及多个范畴的跨国企业，赫斯基能源则是主要核心业务，所以股权不宜变动。他多年来都有投资其他行业股票、债券等等，这些资产不少已投进基金会。

为了弥补自己幼年失学和年幼丧父的遗憾，李嘉诚特别热心医疗和教育的事务。可以注意到，李嘉诚在大陆所投资的项目中，大都是医疗和教育方面的。1993 年 6 月，李嘉诚说道：

> 我现在的事业，是有比较大的发展，但对我来说，我最看重的，是国家教育和卫生事业的发展。只要我的事业不破产，只要我的身体还好，脑子还清楚，我就不会停止对国家教育卫生的支持。

李嘉诚说，基金会在内地其中两个医疗扶贫项目，义工达十万人。参与的医护人员每年获得一份纪念品，刻上"人间有情"句语，他希望将"人间有情"发扬出去。

2007 年，李嘉诚在接受《21 世纪经济报道》采访时说道：

> 基金会主要投资一些长和系没有投资的领域。例如，我们投了7.5 亿美元买中国银行股份，因为内地金融业股票并不是长和的核心业务，而且投资期最少几年，属长期投资，对上市公司来说不太合适，故由基金会投资。只要不影响上市公司，日后所有非核心业务，都会陆续放进慈善基金，基金会是我第三个儿子，将来资产值一定不会少于我财产的三分之一。
>
> ******
>
> 我会把三分之一的身家作慈善用途，我的身家没有 6000 亿元那么多，至于具体资产额我就不方便说。基金会至今在内地、香港及海外，捐款约 83 亿港元，连同以上市公司名义捐款的 27 亿至 29 亿元，合共捐款超过 110 亿港元。这不单是数字，更代表所投放的爱心及时间。

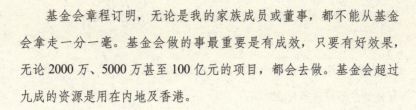

　　基金会章程订明，无论是我的家族成员或董事，都不能从基金会拿走一分一毫。基金会做的事最重要是有成效，只要有好效果，无论 2000 万、5000 万甚至 100 亿元的项目，都会去做。基金会超过九成的资源是用在内地及香港。

李嘉诚在 1980 年成立了李嘉诚基金会至 2007 年捐献的金额已超过了 84 亿港元。李嘉诚表示：

　　商业的存在除了创造繁荣和就业，最大作用是服务人类。企业当然是要为股东谋取利润，但也应该坚持为民众服务，使之形成一种企业文化，成为经营中的一项成本。我在香港和内地都不停做医疗及教育方面的事去帮助有需要的人，同时也积累了这一成本。任何对香港好、对大陆民众好的项目，我都会考虑。

　　至于公益和慈善事业，我认为作为企业，所获取的每一分利润或高额财富，均来自民众，应当取之于民用之于民。正是这种想法，我才会特别留意像医疗卫生、文化教育之类的项目。尤其是祖国内地，那里是我的根本，那里有十几亿民众，他们都是我的同胞，更应该值得关注。我是中国人，一个普通的中国人。我不仅时时这样提醒自己，也以作为一个中国人对祖国应尽些责任来要求自己。

李嘉诚说，若有天他的脑筋变得迟钝，即使不做集团主席，仍会全力做基金会的工作。

　　退休，想都没想过。只不过是想从 2008 年开始，也就是明年开始要把精力更多放在李嘉诚基金会的活动上。打算每月 3 日全天做基金会的工作，然后每天抽出 8 个小时左右参加基金会和慈善奉献活动。

2008 年，李嘉诚在接受《21 世纪经济报道》采访时说道：

> 我有一个原则，每一年捐的钱应该 80% 以上要用在香港和内地，其他地方不应该超过 20%。
>
> 不算公司捐助在内，我个人已经捐过了 88 亿港元，大部分是在内地和香港，但是很多都没有公布，我在内地捐助的建筑，没有一个用我的名字命名的，连对汕头大学的捐款也都没有用自己的名字命名，所以很多人都不知道我捐钱，估计我在内地的捐助对外公布的不超过 1/4。有空就会主动去想怎么捐钱，未来捐款只会增加不会减少，因为基金会的资金有回报，有资源继续捐款。

李嘉诚常常问自己，成功的定义是什么？创造财富的意义又是什么？李嘉诚觉得成功与自由是人类基本的渴望，成功就是达到自己定下的人生目标，而自由是对自己的行为向社会负责，这是每一个人都可以做到的。李嘉诚说道：

> 我创造事业，除了希望能永续经营外，也希望对社会有所贡献。我 20 岁就已在心中许下承诺，要利用自己的成就去促进教育与医疗事业的发展，帮助别人。我一生充满挑战与竞争，我为自己定下目标，尽力去做，希望能在世界上留下美好的种子，这样我的一生就不会白过。

投资教育事业

正如香港老前辈庄世平先生所说："李嘉诚先生为人谦和，坦诚，守信，真是名不虚传。"从 1980 年开始，他陆续斥资 18 亿元，在中央政府和广东省政府的支持合作下，创建了汕头大学。2009 年，当着 1918 名汕头大学毕业生的面，李嘉诚先生在毕业典礼上致词说：

我仍记得三十年前，当年这里是一片稻田，今天看到大家灿烂的笑容与自信的脸孔，告诉我当年的决定是正确的。

这位 81 岁的老人说的"当年的决定"，那就是资助建设汕头大学。汕头大学自 1981 年批准成立来，李嘉诚共捐资约 33 亿元港币。每年，汕大需要的 1.2 亿人民币经费中，七成由李嘉诚支付，不过，李嘉诚为之所倾注的心血是无法以金钱来计算的。汕大每年的校董会他一定不会缺席。

陈衍俊从 1981 年起就参加汕头大学筹备工作，他在著作中这样记录道："这个阶段（筹备阶段），李嘉诚与汕头地区、市政府领导人和汕大负责人的主要精力和主攻目标，集中地放在抓'硬件'的工作上，也即是迅速解决第一期建校工程问题。承担这方面的艰巨任务是香港伍振民建筑师事务所和汕大筹委会办公室基建部门的建筑设计师工程师和同事们。香港伍振民建筑师事务所受李嘉诚先生委托，专负责整体设计之职，并与汕大筹委会办公室基建组、北京有色金属冶金设计院紧密合作进行建校蓝图的设计。汕大校区占地 1 平方公里，总体规划建筑面积 25 万平方米。据悉，总体设计先后六易其稿，历经二十多次反复认真的切磋和讨论研究修改，方才定案。"

1990 年 2 月 8 日，汕头大学举行了隆重的落成庆典，全国人大副委员长荣毅仁等亲临剪彩。汕头大学是继陈嘉庚独创厦门大学之后，中国第二所由海外爱国人士捐赠巨资兴办的大学。当时的广东省委书记任仲夷曾有过一番感慨："闽有陈嘉庚，粤有李嘉诚；前有陈嘉庚，后有李嘉诚。"李嘉诚则表示要对汕头大学"一包到底"，承担以后学校的常年经费。

2009 年，李嘉诚表示，李嘉诚基金会将继续加大对内地教育事业的支持力度，未来 8 年将至少再捐 20 亿港元建设汕头大学，支持力度只会加大不会减弱，基金会的事业将长期进行并一代代地传承下去。

李嘉诚在致吴南生的信中写道："溯自建校以来，本人尽心竭力，为汕大付出时间、金钱，更付出无限爱心。自始至今，以默默耕耘之态度，为汕大谋求进步。务使汕大在质量方面能达到国际水平，成为著名之学府。"

李嘉诚除了出钱外，对于汕头大学的事务更是积极参与，不但出席每一次校务会议，有一次在会议途中更因体力不支晕倒。为了提升汕头大学在教育和医疗方面的素质，李嘉诚请来也是潮州同乡的港大前校长黄丽松担任汕头大学校董会主席，并拼命争取让汕头大学成为博士点，使汕头大学有更好的师资。虽然教育部门有规定一所大学必须在收取硕士生至少八年才有资格成为博士点，但由于李嘉诚不肯妥协、热烈争取，经过严格的评审，终于汕头大学成为第一间开始收取硕士生后四年就能收博士生的大学。至2008年，李嘉诚先后22次亲自来到汕头大学与校董会一起对学校校园进行规划。尽管李嘉诚事务十分繁忙，但对汕头大学办学的事，都是用第一时间来进行研究，及时解决。李嘉诚曾这样说道：

> 只要汕大很好发展，逐步办成有水平的大学，我对汕大的支持是没有止境的。我别无所求，只求为祖国为民族为家乡的教育事业作出贡献。
>
> 汕大的事业是我的终身事业，我对它充满信心。希望大家同心协力。

李嘉诚还多次强调：

> 要办好汕大必须广泛吸引人才。只有建筑，没有设备是不行的。只有建筑和设备，没有人才，是极大的浪费。为此，汕大必须创造良好的工作条件和生活条件。希望能吸引国内外有识之才到汕大工作，学校领导方面则要创造良好的环境。要调动全校教职员工的积极性，要打破"铁饭碗"，让为汕大作出贡献的人员得到更高的待遇。希望能进行工资制度改革，真正做到按劳取酬。如果已给的特殊津贴和敬业金需要再以增加，本人愿意给予考虑。

1992年4月30日上午，在汕大教工代表座谈会上，李嘉诚还谈道：

　　我们汕大要从实际出发，大胆创新，做出更大成绩，开创一个更新的局面来。我们要把环境弄好，基本条件要搞好，"人为"的障碍要打开，让汕大向前大步迈进，向最好的大学方向前进，进入良性循环迎接新的挑战，我们可以考虑引进外籍人才，让外籍教授当系主任；对留学生我们可以用"进出自由"的办法；要继续扩大仪器设备，科研要出成绩出成果。学校领导人要跟老师们系主任们好好商量，请省、市的领导人来帮助，我们要认真制订好改革开放的方案。"一言堂"，不对；"一盘散沙"，也不对。对好的建议要认真研究采纳。我们的目的是为国家培养人才，培养高素质的学生，我们要十分重视学生的素质。国家教委说了，要我们大胆创新，现在有好多事是我们自己做不到！像开汽车、开飞机，冲力一定要大，才能脱离地心吸力。要怎样上太空，怎样做出成绩，这就要靠大家！大家的脑筋比我好。当然，做事不能偏心。要做出成绩不是"乱搞一通"，也不能浪费金钱。我们要把汕大办成高水准的大学，让在汕大读书的学生感到上汕大是一种光荣、荣誉和骄傲！

　　1992年4月30日，李嘉诚在汕大提出："经国家领导人同意，要把汕大办成全国第一所改革开放的试验性大学！"

　　如果搞不好汕大，真感到惭愧！我应该做的事，我都尽心尽力做了。在香港，我有10个项目在搞，一年也花不了10个钟头去研究。在汕大，我花的时间不知多了多少倍！但愿我付出的心血不致浪费。我们的改革开放方案搞好了，财源有了，我们大家打成一片，同心合力，全心全意，为了一个共同的目标，开创出汕大一个新的局面来！让汕大进步得更快一些！

　　可以看出，李嘉诚是怀着"发达不忘家国，必以报效桑梓"的深情，来办立汕头大学的。

2004 年 6 月，李嘉诚于汕头大学为长江商学院近 300 位 EMBA 学生所作的演讲中以范蠡和富兰克林两位中外政治家的人生历程去讲述他对贡献社会的感受和看法。李嘉诚认为：

范蠡改变自己迁就社会，而富兰克林推动社会的变迁。

他们在人生某个阶段都扮演过相同的角色，但他们设定人生的坐标完全不同，范蠡只想过他自己的日子，富兰克林利用他的智慧、能力和奉献精神建立未来的社会。就如他们从商所得，虽然一样毫不吝啬馈赠别人，但方法成果有天渊之别；范蠡赠给邻居，富兰克林用于建造社会能力（Capacity buiding），推动人们更有远见、能力、动力和冲劲。有能力的人可以为社会服务，有奉献心的人才可以带动社会进步。

******

从商的人，应更积极、更努力、更自律，建立公平公正、有道德感、自重和守法精神的社会，才可以为稳定、自由的原则赋予真正的意义。

虽然没有人要求我们，我们自己要愿意发挥我们的智慧和勇气，为自己、企业和社会创造财富和机会，大家可以各适其适。

最近我看到一段故事《三等车票》：在印度，一位善心的富孀，临终遗愿要将她的金钱留给同村的贫困小孩分批搭乘三等火车，让他们有机会见识自己的国家，增长知识之余，更可体会世界的转变和希望。

也是基于和印度的这位富孀同样的心愿，李嘉诚于 1994 年捐资 1100 万元，帮助家乡潮州贫困地区，建了 50 所基础教育学校。

除了资助家乡的教育发展，1997 年，李嘉诚更是关注着整个内地的教育发展。他还捐资 1000 万美元，为北京大学建新图书馆；2000 年，捐资 2400 万美元，参与国家互联网 InternetII 发展计划，在清华大学建设国家未来互联网技术研究中心等。

医疗卫生事业

由于少年时代的经历，李嘉诚深深感到贫病无助是世上最痛苦的事，故自早年起已本着推己及人的精神，立志为医疗事业奉献力量，使有需要帮助的贫病者及时得到照顾。李嘉诚说道：

我深深地感受过贫病的痛苦，因此对无助的人总是十分同情。无论是决定在全国设立 20 个宁养院，帮助肢残人士安装假肢，还是投巨资兴建眼科中心等，我都是抱着一个宗旨：无论如何应竭尽所能给需要帮助的人一个希望。

李嘉诚表示，教育和医疗是他一生的事业，他对这两项事业的支持将超越生命的极限。

李嘉诚于 1998 年开始倡导及每年捐资 500 万元资助扶贫医疗及宁养服务。汕头大学医学院属下医院的宁养院是中国第一个免费善终服务，为患上晚期癌症贫困病人提供上门服务，主要包括镇痛治疗、心理辅导及其他有关服务。这项免费善终服务的对象主要是贫苦无助的晚期癌症病人。

李嘉诚说：

癌症的病人都曾经对社会作出过贡献，本人希望在他们离开这个世界之前，尽量减少他们的痛苦，让他们在最后的日子里，也能活得有尊严。

2007 年 9 月,李嘉诚基金会捐助 2000 万元和海南省政府出资 2000 万元，实施了海南农村卫生建设扶贫项目"七个一工程"之一。"七个一工程"包括：建设 100 所乡镇卫生院、培训 1000 名农村基层医务人员、培训 100 名乡镇卫生院院长、培训 100 名乡镇卫生院业务骨干、建设 1000 所村卫生室、免费为 1 万名农村居民健康体检、奖励 100 名农村优秀基层医务人员。资助范围涵盖海南省 18 个市县，直接受惠农村基层百姓近 300 万人。此项目计划两年完成，将基本缓解海南省农村医疗设施紧缺和医疗服务人员水平过低的问题。李嘉诚表示：

> 医疗技术的输送能对有需要的社群赋予自助的尊严，人性真心的关怀能为尘世很多遗憾作出一些弥补。

在四川地震之后，李嘉诚得悉地震消息，立即捐款 3000 万元。

> 后来看到地震片段，才知道地震的影响这样大，人民这样辛苦，遂决定多捐 1 亿元。

对于迟迟才决定多捐 1 亿元，他表示希望用最实际及最快的捐款项目，最终决定资助灾民的所有学费及部分生活费。李嘉诚表示基金会于过去十多年为伤残人士装配 17.5 万义肢，是他们最具经验及最实际的捐助方法。李嘉诚表示，捐义肢和轮椅是最快及其名下基金会最有经验的赈灾方法，相信能提升灾民对前途的信心。至于会否推出第四轮赈灾计划，他表示只要有实时见效的救灾方法，他都会做。

寻找扶助模式

> 谁都知道，世界上没有任何一个国家或任何一种制度，能够全面改变贫困的存在，不论是制度上的不足或是个人努力不够，我们绝对不能漠视这个日益严重的问题。

医疗和教育是李嘉诚投入心力最多的新事业，这些年他慷慨投入巨资达港币五十四亿元。李嘉诚深深感受到，中国幅员辽阔，需要关爱和帮助的人实在太多，个人之力仅是杯水车薪，他认为中国传统视慈济心为个人德行，不足以平衡物欲世界中对贫病的冷漠。

近年来，李嘉诚将他的公益事业从原来的捐赠文化推行到"打造奉献的文化"，李嘉诚以"有余补不足"的理念为引导，身体力行，希望以爱心、理念及投入唤起更大的社会力量。

李嘉诚一直试图将教育、医疗扶贫和医疗科研的关系搭建起来，实现一加一加一大于三。"良性循环是李先生另一个重要的哲学"。

项目的最终决定均由李嘉诚判断，但在此之前，基金会会通过一个成熟的体制进行筛选。几乎所有发往其基金会的申请都会得到回复，即使不符合基金会捐助标准的，也会被告之所申请项目不属于其范畴。

2004年12月，李嘉诚基金会出资1000万元人民币，支持由汕头大学／香港中文大学联合汕头国际眼科中心院长林顺潮教授策划的"关心是潮流"农村扶贫医疗计划。

李嘉诚认为，"关心是潮流"是一可行及可持续发展的农村扶贫医疗模式，透过建立医疗技术的输送平台和网络，让有需要帮助的人能自发自助，令资源循环不息。计划不仅提升农村地区医疗队伍的能力，还能凝聚潮汕地区的小区力量，期望能够做到有钱出钱、有力出力，共同努力打造"关心是潮流"成全国典范。

"关心是潮流"以三饶地区作为此计划第一个试点，以因白内障而失明的眼疾为第一个诊疗目标，估计在三至五年内使潮汕地区成为"无白内障失明地区"。计划启动之后，会逐步加强提升至包括其他的医疗服务。

林顺潮教授表示，计划将于三至五年内在潮汕地区二十个乡镇医疗单位设立非营利的医疗"卫星点"，并由汕头大学医学院为农村医护人员提供专科训练。经培训的基层医疗人员返回所属卫星点后，即展开有关科目的治疗或手术服务，收费以营运成本计算，故此会远低于较大城市医院同类服务，使一般偏远地区缺乏经济能力的家庭也能负担专科医疗费，并令计划能持续发展。

李嘉诚在主持启动礼时说道，地球上没有任何一个国家或任何一种制度，能够全面改变贫穷的存在，这不是主观的认知，而是客观的事实。

这么多的朋友、乡亲远道来到这里共聚，为的是我们一个共同的理念——"以有余补不足"。谁都知道，地球上没有任何一个国家或任何一种制度，能够全面改变贫穷的存在，这不是主观的认知，而是客观的事实。导致贫穷的根源，也许已超乎我们所能理解，不管是制度上的不足还是个人努力不够所造成，我们每一个人绝对不能漠视这日益严重的问题。林顺潮医生提出今天这个扶贫医疗计划，汕头大学立即坐言起行，而我也首先响应支持。医疗技术的输送能对有需要的社群赋予自助的尊严，人性真心的关怀能为尘世很多遗憾作出一些弥补。

汕头大学医学院院长李玉光教授接受《亚洲周刊》访问时表示，面对如何解决农村医疗扶贫模式的问题，李嘉诚作了很多研究，"他投入的精力远远超过了他投入的资金。"每次来到由李嘉诚资助的汕大医学院与医务人员研究医疗计划时，李嘉诚可以听一整天汇报，席间他会详细询问，仔细思考并提出意见。李玉光说："我们知道，在香港长江、和记黄埔开会，李嘉诚听汇报最多给你十五分钟的时间，而在这里，他几乎倾注了全部心血。汕大医学院可以取得今天的成就，不是光靠有钱，还有李嘉诚一颗热心公益事业的心。"

李嘉诚认为，中国地方很大，要改变医疗体系有很多困难。如果每一地区的医疗体系都能够联合同乡的力量，共同付出关心和付诸行动，就可以帮助解决这个问题。

这次"关心是潮流"打造奉献文化的计划得到国际上广大潮汕同乡的响应和地方政府的支持，我深信我们齐心的力量，必可以推动进步和改变。我也想借此机会，向所有乡亲呼吁：每个人有钱出钱、有力出力，率先将这个可行的计划成功落实，以供内地其他地方参考，希望可以唤起其他地方的注意。大力进行相同的计划，则中国存在的农村医疗问题便有希望改变和获得改善，我深深相信这是我们全体的心愿。

《商业周刊》2007 年编撰了"慈善名人堂名册"，李嘉诚成为"名人堂"唯一榜上有名的华人慈善家。"慈善名人堂名册"并不根据谁捐出了最多金钱而决定，名册所载的都是那些为慈善捐献带来重大改革的人或机构。

延伸阅读

巴菲特谈慈善

我的孩子已经得到我和妻子给的钱。在我死后，他们还会得到更多的钱。他们属于占人口1%的特权阶层，也许还是这1%人口中的前十分之一。即使他们不再得到任何金钱，也已经占了很大优势。

创造大量的"王朝财富"不符合我的世界观……我认为我的孩子不应当继承我的社会地位……不能因为你出生在这个家庭就得继承相应的社会地位。

富人应当给自己的孩子留下足够的财富，以便让他们能干他们想干的事情，但不能让他们有了足够的财富后可以什么都不干。

我和（已故）妻子50年前就形成了这样的想法：我们要终生积聚财富，这些财富要全部回报社会。

我和我的妻子都认为，从社会中来的巨额财富最后都应该返还社会。如果你的目的是将钱回赠给社会，但却困于找不到一个合适的基金会，那最合适的选择莫过于找一个由年轻聪明的夫妇运作的慈善机构了。他们（盖茨夫妇）已经展示了他们的能力。

慈善是我确信无疑的应当行为，但和投资活动一样，光有良好的意愿是远远不够的，我一直担心的是如何才能让捐款发挥最大作用。

慈善事业在很多方面都像做生意，仅仅走进这个领域是远远不够的，你需要学习一些其中的特性。

我做不到他做的那些事情。因为我知道我不善于做慈善事业，所以我不能从中得到任何快乐，但同时我又想看到的是聪明地花钱。盖茨和我分享了很多他的体会。

我给慈善团体的钱并没有真正影响到我的生活。我羡慕那些钱不多但是能够一直坚持给予别人钱财和时间的人。

第*11*章

"捕捉风险的气息"

——李嘉诚论危机应对之道

要永远相信，当所有人都冲进去的时候要赶
紧出来，所有人都不玩了再冲进去。

保持低负债

现金流、公司负债的百分比是我一贯最注重的环节，是任何公司的重要健康指标。任何发展中的业务，一定要让业绩达到正数的现金流。

控制负债是李嘉诚的公司在多次危机中能够规避风险、继续稳定经营的关键。著名经济学家郎咸平分析道：

"李嘉诚旗下的和黄系保有最大的财务弹性。即平时持有大量的现金，保持很低的负债比例，20%左右，关键时刻往上冲，提高负债比例，增加企业的资金，一下子把竞争对手打败。

他一生最大的两次投资是港灯和和记黄埔。他有今天的成就，主要靠这两次成功的收购。一次是香港电灯的收购，当时负债20%不到，竞争对手的负债已经达到90%，李嘉诚把负债从20%上冲到90%，把对手打败；收购成功后，又慢慢把负债降到20%以内，保持充足的弹性。另一次是收购和记黄埔，1979年，李嘉诚从汇丰手中以7.1港元一股购入22%和记黄埔股权，共付出6亿多港元。李嘉诚收购和记黄埔动机之一，便是它的土地资源。1989年和记黄埔纯利30.5亿港元，共获利60.8亿港元，相当于购价的10倍。李嘉诚的弹性靠的是平时积累现金、降低负债，关键时刻加大负债比例来实现'蛇吞象'。"

李嘉诚表示：

自 1956 年开始，我自己及私人公司从没有负债，就算有都是"假贷"的，例如因税务关系安排借贷，但我们有一笔可以立即变为现金的相约资产存放在银行里，所以遇到任何风波也不怕。

此外，他永远采用极为保守的会计方式，如收购赫斯基能源公司之初，他便要求开采油井时，即使未动工，有开支便报销——这种会计观念虽然会在短期内让财务报表不太好看，但能够让管理者有更强烈的意识，关注公司的脆弱环节。

在 1997 年亚洲金融风暴之前，非流动资产的比例更高达 85% 以上。虽然资产庞大，但李嘉诚一直奉行"高现金、低负债"的财务政策，资产负债率仅保持在 12% 左右。

李嘉诚曾对媒体表示：

在开拓业务方面，保持现金储备多于负债，要求收入与支出平衡，甚至要有盈利，我想求的是稳健与进取中取得平衡。

因而，在 1997 年下半年亚洲金融危机爆发时，流动资产仍然大于全部负债。这样，无论地产价格跌幅多大，都不至于对长实有致命的打击。

到 2008 年底李嘉诚旗下企业资产负债率仅在 12% 左右。李嘉诚有一句名言："我不欠别人一分钱，因此睡觉睡得好。"经济学家郎咸平的评价是："也许很多人会说李嘉诚胆子太小了，但我认为稳健才是李嘉诚成功的法宝。"

李嘉诚表示：

虽然"和黄"向来勇于投资新科技并接纳创新观念，但如何投资达到整个集团收益全面提升的目标，是新投资的重要考虑。资金的运用也非常重要。以长江实业为例，其负债比率只有 7%，只要两三个月的营运资金就可完全清偿。我们营运有两份资金，一份资金用于经营，另备有一份资金必须是随时可运用的流动资产。这也是我们随时可以投资、扩张、营运机动的原因。

重视现金流

李嘉诚的身边一直保存着他第一块手表的包装盒。"这里面没有珍宝，也没有秘密，但它却是一个教训。"他说。

这个教训可以回溯至1950年代李嘉诚创业之初。还在经营塑料花业务的李嘉诚收到塑料花买家付款的一张期票，讲求信用的他随即给原料供应商开出一张期票作结数，希望到时买家支付的款项存入自己的户口后，供货商也可兑现李的期票。不巧的是，李嘉诚的买家未能践诺，而并不富有的李嘉诚必须为自己的信誉东拼西凑，可惜仍未能凑足所需数目；幸好，他平时会随手把多余的硬币放在那个包装盒里，而这些无意间积攒的硬币竟凑足了不足之数。

这也是李嘉诚重视现金流的最初起源。

李嘉诚表示：

> 流动资金，你一定要非常留意。因为有的公司有了盈利，但是没有现金流的时候，就会容易撞板（吃亏）。

李嘉诚对于现金的偏爱是有目共睹的。重视现念流的最终结果是，旗下和记黄埔多达69%的持有资金，以现金形式存放，接近1190亿港元。其他主要投资则放在最稳妥的政府债券上，而股票投资所占比重相当之小，企业债券、结构性投资工具和累积期权产品则完全没有投资。

大量现金在握，正是李嘉诚多次成功实现大手笔投资的关键所在。例如1979年收购和记黄埔以及1985年买下香港电灯，他都是在极短的时间内调动巨额现金完成的，这令任何一个竞标对手望尘莫及。

1997年亚洲金融风暴之前，香港经济连续多年高速增长，其中，从

1994 年 4 月到 1995 年第三季，在香港政府推出一系列压抑楼价措施以及美国连续 7 次调高息率等因素的影响下，香港楼市曾一度进入调整期，住宅楼价下跌约三成。长实在这一年，通过大幅降低长期贷款，提高资产周转率，使流动资产足以覆盖全部负债。

同时，1997 亚洲金融危机爆发前，李嘉诚预知将有危机爆发，于是就聚集大量现金，使得流动资产仍然大于全部负债。正所谓"兵马未动，粮草先行"。

随后的亚洲金融危机使香港股市和楼市受到重大打击，股市一年时间跌幅超六成，而楼市也大幅下跌。1998 年香港房地产进入低潮期，这是个非常难得的投资机会，李嘉诚随即行使了"现金期权"。长实在这一时期抓住竞争者所持有现金不充裕的机会，成为竞标拿地的大赢家。他用手中现金以低价大举购入土地，用超低的成本建造房产，待香港经济复苏之后再以高价卖掉。这就是李嘉诚手中时刻保有大量现金的理由，这种策略既使他降低了经营风险，同时又不错过绝佳的投资机会。

亚洲金融危机爆发后，全球经济进入了漫长的低潮时期。然而，2002 年，李嘉诚所掌控的香港上市公司长江实业（集团）有限公司及联营的和记黄埔有限公司被《亚洲周刊》评为"2001 年国际华商 500"的冠亚军。

究其原因，李嘉诚说道：

> 我们要利用集团充足的现金流量及稳健的借贷水平，使其建立坚稳的财务实力，同时获得极高的长期信贷评级，这样有利于筹措资金，随时掌握投资机遇，为股东们争取最大的利益，共同渡过难关。

李嘉诚不光是这样说的，也是这样做的。旗下的公司一直坚守着重视现金流的原则。因此，在 2008 年全球金融危机到来之后，长和系受到的冲击依然很小。

国务院发展研究中心金融研究所著名经济学家巴曙松对李嘉诚非常推崇，他认为李嘉诚其实早在 2008 年上半年就敏锐地嗅到国际经济的异常气味，迅即改变投资策略，暂停了正在实施的重大项目，确保公司资金链不发生断裂。截至 2008 年 6 月 30 日，和记黄埔的现金和流动资金总额已达 1822.89 亿港元。

2008 年，蔓延全球的金融风暴来临后，香港经济也走入一个严峻的寒冬，大部分投资者的腰包都缩水过半，李嘉诚控股的公司股票，市值也大幅缩水上千亿港元。但即便如此，李嘉诚依然表示，他对旗下公司的业务充满信心。那么李嘉诚的信心究竟源于哪里？

著名经济学家郎咸平这样评价道："面对金融危机，他（李嘉诚）的'过冬策略'又是什么呢？我觉得他这个处理方法值得我们国内企业家学习。第一个，他立刻停止了和记黄埔的所有投资，不投资。而且负债比例极低，只有 20%，更重要是什么呢？他手中积累了大量的现金。我算了一下大概有 220 亿美元的现金，那么这 220 亿美元当中，70% 左右是以现金形式所保有，另外 30% 是以国债方式所保有，所以非常具有流动性。他为什么这么做呢？准备应付大萧条。这是他目前的企业战略。

"李嘉诚对现金流高度在意，负有盛名。他经常说的一句话是：'一家公司即使有盈利，也可以破产，但一家公司的现金流是正数的话，便不容易倒闭。'而面对这次全球性的金融危机，李嘉诚又一次遵循了'现金为王'的投资理念。从去年（2007 年）开始，李嘉诚大手笔减持手中的中资股，回笼资金至少上百亿港元。"

李嘉诚在接受《全球商业》采访时表示，也证实其个人资产，很多是一个礼拜便可以拿到现金。至于一周能拿到现金占投资的比例不少于三分之一，李嘉诚说道：

> 例如政府债券、股票，一个礼拜都能拿到。我当然还有其他的投资，例如地产，这不是马上可以兑换为现金。

捕捉风险的气息

李嘉诚最常使用的词汇是"保守"。或许也正因为保守，这个 80 岁老头总是能够比年轻人更敏锐地捕捉到风险的气息。

李嘉诚曾这样说过：

你一定要先想到失败，从前我们中国人有句做生意的老话："未买先想卖。"在你还没有买进来之前就要先想怎么卖出去。

知悉李嘉诚的人士表示："'他（李嘉诚）是一个很有危机感的人，让他平衡危机感和内心平和的方式就是，提前在心里头创造出公司的逆境，他看到各种报道，然后设想自己公司的状况，找到那些松弛的部分，开会去改变。等他做好准备，逆境来的时候反而变成了机会。"

一个典型的例子是，早在 2006 年，李嘉诚就提醒和记黄埔的高级管理团队，要减少债务、准备好应对危险。直到 2007 年，李嘉诚每次出席业绩发布或股东大会时，总叫大家"量力而为"。

2007 年 5 月，他先为内地股市的泡沫担忧。他以少有的严肃口吻提醒 A 股投资者，要注意泡沫风险。李嘉诚是在出席长和系股东会后作上述表述的。他说，

作为一个中国人，我会为内地现在的股市担心。因为一个市盈率 50 至 60 倍的情形，由任何过去的历史来看，结果是会"撞板"（吃亏）的，内地股市绝对是有泡沫的。

******

炒股票要较为小心点，当股市暴跌时，最大损失会是普通市民，他们占的比例是最高的，在内地也是这样。

就在李嘉诚讲话的半个月之后,"5·30"行情开始拖累 A 股一路暴跌。到了 2007 年 8 月,"港股直通车"掩盖了美国次贷风暴,他更直指美国经济会波及香港。及至 2008 年,股市急挫,当雷曼兄弟未破产,部分股民以为"见底"时,他再一次说,香港最坏的时候仍未到:

> 从今天到明年(2009 年),(股市)投机要非常小心,投资在此时是否好时间,就要研究经济,我认为要小心,这是我的肺腑之言。

他亦一再提醒股民:

> 我还是那话句,大家要小心,不应该借贷买股票……以我对股票投资这么多年经验,就算长线投资也要小心,如果是投机性质,在高位也有些危险成分,美国现在有次按债券等问题,而现时香港和内地的股市都升得很高,实在有可能发生问题。
>
> ******
>
> 我说要很小心,这是肺腑之言。展望明年(2009 年)的经济,通胀加上次贷危机……香港的经济一方面会受国际的影响,另外会受内地股市和经济的影响。这两个因素是不可避免的,因为香港毕竟是小地方。

前和记黄埔大班马世民说:"他的反应很快。正因为他有良好的判断力,亦即他的强项,他所作的决定通常都是正确的。"

比起在金融危机中栽了跟头的华尔街行家们,李嘉诚的明智并不是来源于任何深奥的理论。恰恰相反,他用了一种过于朴素的语言来解释自己对于金融危机爆发的认识:

> 这是可以从二元对立察看出来的,举个简单的例子,烧水加温,其沸腾程度是相应的,过热的时候,自然出现大问题。

席卷全球的金融海啸使中国富豪们的腰包大大缩水。A股和港股持续大幅下挫，令杨惠妍、朱孟依等国内财富"新贵"的损失合计超过1万亿元；素来经营稳健的中信泰富"中招"累股证，导致荣智健的持股市值在两个交易日内就损失了66%；绰号"亚洲股神"的"四叔"李兆基曾预测2008年秋季恒指将达33000点，而他旗下恒基地产的股价数月内跌去了3/4。

回过头看，"长和系"主席李嘉诚在对时势的判断上非常准确。一生中曾经历过数次经济危机的李嘉诚在最新这一轮危机中再次证明了他的远见卓识。2009年2月5日，美国著名财经杂志《福布斯》公布了2009年香港富豪排名。从排行榜来看，金融危机导致香港前40大富豪平均身家缩水达54%，但长江实业及和记黄埔集团主席李嘉诚，仍以162亿美元的身家稳坐香港富豪榜之首。

抛售，回笼大量资金

1997年，经过多年的全球化与多元化发展，和记黄埔主要从事五项业务：港口、地产、零售和制造、电讯、能源和金融，收入和利润构成比较分散。因此，亚洲金融危机之初，和记黄埔受到的冲击较小。当年在亚洲金融危机造成巨大冲击的背景下，和记黄埔通过出售宝洁和记、和记电讯、和记西港码头的股权，对和记黄埔平滑业绩起到了重要作用。

尤为重要的是，在经营形势更为严峻的1999年，和记黄埔出售了从事欧洲移动电信业务的Orange，得到1180亿港元的巨额利润，一举扭转了1997年以来"节节败退"的局面。

全球金融海啸全面爆发之前，李嘉诚和国际投资大师巴菲特在评估趋势、拿准时机上均眼光独到。李嘉诚已不止一次针对股市泡沫和环球经济前景提出警告，并高价位沽售中海集运，而巴菲特也在H股市场高位卖出了中石油，尽管当时的舆论哗然。

李嘉诚的2007年的巨额收益中所占比例最大的可能就是来自炒股的套

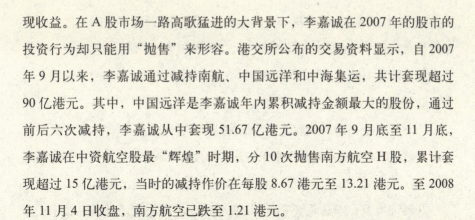

现收益。在 A 股市场一路高歌猛进的大背景下，李嘉诚在 2007 年的股市的投资行为却只能用"抛售"来形容。港交所公布的交易资料显示，自 2007 年 9 月以来，李嘉诚通过减持南航、中国远洋和中海集运，共计套现超过 90 亿港元。其中，中国远洋是李嘉诚年内累积减持金额最大的股份，通过前后六次减持，李嘉诚从中套现 51.67 亿港元。2007 年 9 月底至 11 月底，李嘉诚在中资航空股最"辉煌"时期，分 10 次抛售南方航空 H 股，累计套现超过 15 亿港元，当时的减持作价在每股 8.67 港元至 13.21 港元。至 2008 年 11 月 4 日收盘，南方航空已跌至 1.21 港元。

而通过减持中海集运，李嘉诚也获得了约 24.04 亿港元现金。2009 年 1 月 7 日，李嘉诚基金会以每股 1.98 港元至 2.03 港元价格配售其持有的中国银行 20 亿股份。通过这次配售李嘉诚基金会最多可套现 40.6 亿元。而该基金会购得这批股票的成本价为每股 1.13 元。照此计算，是次减持该基金账面净获利最高达 18 亿元。

仅通过减持南方航空、中海集运、中国远洋 3 只股票，李嘉诚就套利约合 90 亿港币。

> 要永远相信，当所有人都冲进去的时候要赶紧出来，所有人都不玩了再冲进去。

这是李嘉诚在长江商学院的一次课程上的表述，与"股神"巴菲特的"恐惧贪婪说"有着异曲同工之妙。

而在此之前，李嘉诚还大幅减持了永安旅游、金匡企业等几只香港本地股，仅金匡企业李嘉诚就套利约 1.1 亿港币。

事实上，李嘉诚密集减仓后，恒生指数便连绵下跌。2007 年 10 月，香港恒生指数创下历史新高 31638 点，2008 年 1 月恒生指数就跌穿了 25000 点。

2007 年 2 月，李嘉诚以 111 亿美元的价格卖掉了印度电信公司的股份，又一次不失时机地做成了一笔大买卖。

李嘉诚不仅在股票市场上进行了抛售。而且在房地产市场也大举抛售。

从 2008 年 11 月起至 2009 年 3 月，李嘉诚及其旗下公司不惜以超低价大举抛售其在上海、北京等地的物业资产。其中 2007 年 11 月，李嘉诚在北京投资的首个别墅项目"誉天下"以最低 5.7 折的低价甩卖；而他对上海物业的抛售更加坚决和彻底。

2008 年，李嘉诚的旗舰公司和记黄埔叫停全球业务的新投资，在 2009 年中之前，所有未落实或未作承担的开支都会省下来，并要检讨全部投资项目。

2008 年 5 月，李嘉诚旗下的和记黄埔称，以 44.38 亿元出售其位于上海长乐路的世纪商贸广场写字楼物业。一个月后，和记黄埔位于古北的高档公寓御翠豪庭 36 个商铺降价销售，价格跌幅最高达 24%。

因而，其旗下的长江实业不但降低负债，并且已经在 2008 年首 6 个月便完成了全年的房产交易生意，从而有充足弹药过冬。当 2008 年香港楼市气氛还相当炽热的时候，长实却在当时按市场单价开售新盘，而且即使销售反应热烈也不加价，一口气卖出 1900 多个单位，套现约 100 亿港元，一举成为 2008 年卖楼套现最多的发展商。从 2008 年 9 月开始，香港银行相继调高按揭利率，并收紧按揭贷款，导致整个楼市逆转，物业交投回落。

2009 年年初，和记黄埔再次以"改租为售"的方式抛售黄金城道商铺，回笼资金超过 10 亿元。

随着房地产市场的下滑，李嘉诚的抛售更多可以看做一种高位套现行为。这一方面可以规避内地房地产泡沫破裂带来的调整周期，另一方面可以回笼大量资金，保证公司资金链安全。

增持旗下公司股份

李嘉诚对"高抛低吸"处理公司股份操作的做法表示赞同，但他首先认为要分析清楚自身核心资产。

1997 年，因受香港回归影响，香港股市大跌。1997 年 10 月 31 日，香港联交所宣布,在本周一与周二两天股市大跌期间,香港有44家有实力公司,从股市回购大量公司股票,积极参与"救市"。其中长实主席李嘉诚在股灾期间购入1300万股长实股份,增持行动对长实股价有正面影响。李嘉诚主席办公室证实李氏个人购入约0.5%长实股份,使其持股量增至34%,并已向联交所申报。

李嘉诚说道:

> 每次经济动荡,我都会动用私人名义买公司股份。

大盘崩溃,股市下挫。在低点回购股票,是惯常的游戏法则,关键是眼光要准。

在金融危机发生的时候,港交所权益披露资料显示,长江实业主席李嘉诚于2008年7月买入5万股长江实业,令持股比例提高至40.22%,每股增持作价103.10港元。

据《每日经济新闻》统计,自2008年4月11日以来,李嘉诚已先后10次斥资5.738亿港元买入495.3万股长江实业。而每股平均买入价为115.84港元,较长江实业当日收盘价104.9港元高出10.43%。

港交所的权益披露显示,2008年8月12日,李嘉诚及其长子李泽钜通过李嘉诚信托基金增持了9700万股长江生命科技,每股作价0.37港元,涉及资金3589万港元。增持完成后,李泽钜的持股量由44.33%提升至45.34%。

2008年9月15日,雷曼事件发生后,长实大股东李嘉诚自2008年9月29日起4度增持长实,累计增持42.8万股,共涉资约3525万港元。

李嘉诚他作为一个大户,对他自己的公司回购。其实在以前,比如1998年金融风暴的时候,也可以看到他在股市下跌的时候,他去回购他的企业股票。因为他的这个公司非常大,而且是多元化经营,不会出什么问题,所以他这么一购一买之间,他反而是能赚大钱。

虽然旗舰公司长江实业与和记黄埔的股价下跌也一度超过40%,导致李嘉诚的财富在 2008 年大幅缩水，但是港交所的资料显示，李嘉诚不仅在 2007 年的高位将手中的多只中资股套现，一定程度上避免了损失，而且在 2008 年内多次增持旗下公司股份，略微摊低了持股成本。

李嘉诚又于 2009 年 2 月出手，首度增持长实 5 万股普通股，每股平均价 67.14 元，涉资 335.7 万元。长实股价 4 日上涨 0.15%，收报 66.30 元。

对于李嘉诚持续增持自家股份的行为，很多专业人士认为，李嘉诚的出手或只表示股价当时已跌至吸引他的水平，同时他也希望在趁低吸纳时能增强目前市场疲弱的投资信心。

冻结全球新投资

《李嘉诚传》中有这样一段记载："继 1977 年至 1981 年香港股市高潮之后，因受资本主义经济周期律的支配，从 1982 年至 1984 年这段时间，世界经济又一次呈现不景气现象，香港工业衰退。而香港主权回归中国的问题已经摆上了议事日程，中英两国政府代表在进行频繁的接触与谈判之中。但主要还是受世界经济不景气的影响，其时，股市出现暴跌，地产也一落千丈。外资不愿投向香港，市民也害怕置楼。又一次面临着巨大困难和压力的李嘉诚，基于长实的声誉与实力的自信，看到'本港地产深受世界经济衰退与高利息之长期影响，1982 年将为本港地产业较为困难的一年'。为使长实'处于攻守自如之更为有利地位'，渡过难关，他采取了一系列'应变'措施：当机立断的减少或停止购入地皮；加速售出公司现已拥有的楼宇物业；对上市公司则采取保守及缩减政策，急速退却，保存实力，等待时机，以图再展；加强财政管理，充实现金，以备周转，应付意外；努力减少债务负荷，力争处于主动位置；稳健为主，既不盲目参与新项目的竞投，也不为其时市价大跌的工业用地所垂涎。1982 年 2 月间，英资置地公司虽在对中区交易广场建设的竞投中夺标，却因负债 142 亿港元而造成债台高筑的被动局面。而'长实'则不露声色，等候战机。"

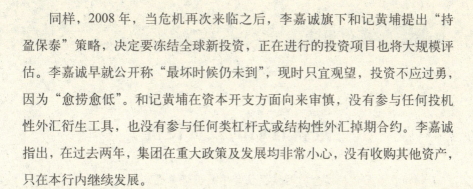

同样，2008 年，当危机再次来临之后，李嘉诚旗下和记黄埔提出"持盈保泰"策略，决定要冻结全球新投资，正在进行的投资项目也将大规模评估。李嘉诚早就公开称"最坏时候仍未到"，现时只宜观望，投资不应过勇，因为"愈捞愈低"。和记黄埔在资本开支方面向来审慎，没有参与任何投机性外汇衍生工具，也没有参与任何类杠杆式或结构性外汇掉期合约。李嘉诚指出，在过去两年，集团在重大政策及发展均非常小心，没有收购其他资产，只在本行内继续发展。

他又引用和记黄埔的"资本开支"金额，显示原有的业务没有缩小，李嘉诚说道：

> 今年（2008 年）的 capital expenditure（资本开支）一定超过四百五十亿，单单只是和记黄埔，明年都不会少过此数，全部都是投放在现有业务。

李嘉诚补充道，若要收购其他行业或其他公司，除非很值得否则不会做。所谓"吸引"，取决于回报如何及必须不受这次风潮的影响太大。

2008 年 10 月，和记黄埔财务董事陆法兰在接受香港《星岛日报》采访时表示，和记黄埔公司现在有 221 亿美元现金，相等于 1700 亿港元，当中有六成九为现金，其余为政府债券，该公司并无持有任何企业债券及投资衍生工具，也都无参与 Accumulator 产品，故在对冲方面并无任何收益或盈利。

在银行水紧，企业融资困难之际，他表示和记黄埔更提早偿还 12 亿英镑（约 142 亿港元），并指 2009 年 6 月底前，都会冻结所有未落实的投资项目，并全面检讨现有的投资计划。相信是要向投资者表明，和记黄埔的审慎财务政策从未松懈。李嘉诚表示：

> 和记黄埔所有业务不论是高是低，我都有很大信心。间间公司有钱赚，还希望它们做些什么？间间公司有进步，连 3G 在内。如果有特别好（项目），（资本）支出还会更多（在 450 亿以上）。

危机背后的投资良机

如何在金融危机发生的时候抓住其中的投资良机？

世界头号基金经理彼得·林奇说："在这些令人惊惶的时期，如果你有足够的勇气在内心喊着"卖出"时仍镇静地买入，你将抓住你曾认为不会再出现的良机。"

号称"华尔街教父"本杰明·格雷厄姆说："股票价格低于实质价值，此种股票即存有"安全边际"，建议投资人将精力用于辨认价格被低估的股票，而不管整个大盘的表现。"

全球股神巴菲特说："目前，我不会有一毛钱的投资是基于宏观经济预期的，我也不认为投资者应该基于宏观经济预期而买卖股票。投资者失败的主要原因是过高的手续费和总是试图战胜市场。"

但是，为了着急地抓住这一良机。再出色的投资大师，也会忽略一个简单得似乎不值一提的道理，即大熊市的投资策略：安全第一，赚钱第二。最重要的不是赚得更多，而是活得更久。忘记这句话的人就有巴菲特的老师格雷厄姆，在1929年经济大萧条中的大熊市中过早大抄底，差点把所有的身家都输个精光。据研究巴菲特的专家刘建位在《从两起抄底惨痛教训谈起：09年安全第一，盈利第二》一文中描写了格雷厄姆被套的故事，文中部分内容摘录如下：

"1929年11月，道琼斯指数最低跌到最低198点后反弹。到1930年3月，一度涨到286点，反弹幅度高达43%。格雷厄姆和许多投资者都认为最坏的时期已经过去了，于是他开始进场抄底。但是从1930年5月至1932年11月，股市边疆出现了6次暴跌。道琼斯指数达到最低点41点。在大跌之前，只想赚更多钱的格雷厄姆，没有意识到问题的严重性，不但没有及时撤离，反而逆市操作，结果越陷越深，最终濒临破产。在 1929 年 1 月，格雷厄姆的投资公司拥有 250 万美元的资金规模，但在 1929 年到 1932 年间公司损失了 70%。到了 1932 年年末只剩 250 万美元的 22% 了。这场超级大熊市几乎让他倾家荡产。

"格雷厄姆在大跌、大悲、大后悔中开始深刻反思，凭着坚韧的勇气，汲取了教训，改变了投资策略，苦熬了 5 年，才把亏损弥补回来。后来又做了几年，重新成为百万富翁。经过这次劫难后的格雷厄姆写出投资圣经《证券分析》和《聪明的投资者》，在书中他总结出了一个永不亏损的投资秘诀，正是这个秘诀，保证了他以后投资再也没有亏损过，保证了他能够迅速赚回原来亏损的钱，东山再起。

"那么这个投资秘诀是什么呢？

"第一，永远不要亏损；第二，永远不要忘记第一条。

"作为格雷厄姆最得意的学生，巴菲特毫不动摇的执行着老师对他说的两条投资铁律。"

在半个多世纪的投资生涯中，巴菲特一直都恰到好处地把握了时机，避免由于过早抄底所带来的灭顶之灾。2008 年，全球股市大幅跳水，对巴菲特来说这又是一起绝妙的抄底机会。各国中央银行在为市场注资而大感烦恼的时候，巴菲特却手握大把资金，在世界范围内寻找投资目标，大展其抄底之势。巴菲特的投资哲学就是总是保留一些实力。这样，当其他人都感到害怕的时候，投资机会就已经到来。

巴菲特表示："每次危机都是买入的绝好时机。"

巴菲特是用行动佐证自己言论的实践家。巴菲特本人则在 2008 年 10 月 2 日向采访他的媒体透露，危机后找他投资的电话暴增，有个打电话来的 CEO 举了一个妙喻："在市场眼里，我们就像青蛙，伯克希尔公司就是公主，如果您肯赏吻，我们就能变成英俊王子。"巴菲特看到了市场对他的呼唤，但是对他而言，此时的选择更应当谨慎。在 2008 年金融危机爆发时，雷曼兄弟公司向巴菲特求援，他不为所动，但当高盛把电话打过来，正喝着樱桃可乐的巴菲特只用了 15 分钟就敲定了 50 亿美元的高盛投资计划。

据美国的媒体报道："2008 年 9 月 23 日，巴菲特控制的伯克希尔·哈撒韦公司以 50 亿美元买进高盛永久性优先股，股息 10%，高盛有权在任何时间回购，但需要支付 10% 的溢价；伯克希尔·哈撒韦还买入 50 亿美元、4350 万高盛普通股认股权证，可在未来 5 年内随时行权，行权价为每股 115 美元，较高盛 23 日的收盘价低 8%，如果此时行权，可以立即获得价值 35 亿美元的账面收益，并拿到大约 9% 的高盛股权。这也是巴菲特 20 年来首次投资华尔街的公司。"巴菲特在一份声明中说："高盛是一家杰出机构，它拥有无与伦比的全球网络、举世公认的管理团队以及人力和财务资本，这些使它能够延续杰出表现。"

高盛只是巴菲特抄底的其中一个公司，早在 2008 年 7 月，巴菲特就出资 30 亿美元资助陶氏化学并购罗门哈斯化学。

同年 9 月 18 日，巴菲特再花 47 亿美元，买下美国最大电力行销巨头"星牌"能源集团公司若干股权。9 月 21 日，巴菲特动用 10 亿美元购买日本汽车及飞机工具机厂商 Tungaloy 公司 71.5% 股权。而后，巴菲特利用其旗舰公司伯克希尔·哈撒韦又相继宣布收购了国内最大的充电电池制造商比亚迪。

随后的 10 月 2 日，巴菲特又宣布将收购通用电气（GE）30 亿美元永久性优先股。通用电气也向巴菲特做出了很大的让步。它的永久性优先股将支付 10% 的高额股息，而且可以在三年后溢价 10% 买回。此外，巴菲特的伯克希尔·哈撒韦公司还得到保证，可以在今后 5 年内以每股 22.25 美元的价格再收购通用电气 30 亿美元的普通股。巴菲特在接受 CNBC 电视台采访时表示："我已经观察通用电气这家公司很久了。现在的市场给我们提供了大量的投资机会，而这在 6 个月或者一年之前是难以想象的。"

短短几个月的时间，巴菲特控制资产累计投资超过 300 亿美元。回顾 1973 年和 1987 年两次大股灾，巴菲特先后将华盛顿邮报和可口可乐收入囊中。由于巴菲特在逆势投资的激进风格，由摩根士坦利公司前保险分析师艾丽斯·施罗德执笔的巴菲特自传《滚雪球》中戏言："到了 1974 年巴菲特成了'现金穷人'。"但正是他这种逆市投资大手笔使他登上了美国首富的宝座。

巴菲特为什么选择 9 月份的时候才开始购买股票，并且选择的都是传统

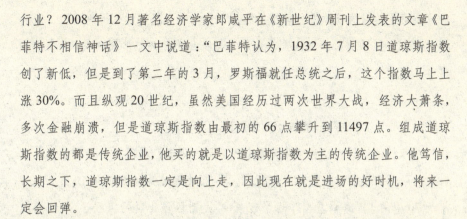

行业？2008年12月著名经济学家郎咸平在《新世纪》周刊上发表的文章《巴菲特不相信神话》一文中说道："巴菲特认为，1932年7月8日道琼斯指数创了新低，但是到了第二年的3月，罗斯福就任总统之后，这个指数马上上涨30%。而且纵观20世纪，虽然美国经历过两次世界大战，经济大萧条，多次金融崩溃，但是道琼斯指数由最初的66点攀升到11497点。组成道琼斯指数的都是传统企业，他买的就是以道琼斯指数为主的传统企业。他笃信，长期之下，道琼斯指数一定是向上走，因此现在就是进场的好时机，将来一定会回弹。

"毫无例外的，巴菲特这次购买的股票，包括通用电气、高盛、比亚迪汽车，甚至日本的一家工具制造商，这些都是传统公司。

"然而过了一个多月后，巴菲特在100美元之上购买的高盛集团股票已经跌至70美元之下。有人说"股神"也会被套吗？这还要看巴菲特的投资风格，因为巴菲特频频出手被人认为是"抄底"的行为。"但是巴菲特出手并不意味着股市见底。因为从历史上看，巴菲特从来就不是一位抄底高手。他从不抄底，只是在觉得股票有价值时大量买入，所以很多股票可能一套几年。

2008年10月17日，一向低调的巴菲特在《纽约时报》上撰文称，虽然美国经济处于"糟糕"的状态，但他正在购买美国股票。

巴菲特一系列的行为被人们解读为出手救市，早在2008年2月的时候，《华夏时报》刊登的《股神巴菲特出手救市2008年复制摩根的故事》一文中写道："2月12日，在亿万富翁巴菲特的救市计划的刺激下，美国股市受到鼓舞。这位'股神'建议出手8000亿美元，向陷入困境的部分美国债券保险商施以援手。在CNBC电视频道，巴菲特高调放出消息，他旗下的公司伯克希尔·哈撒韦，目前已经与3家大的债券保险商——Ambac Financial Group Inc.、MBIA Inc. 以及 Financial Guaranty Insurance Co.——接触，承诺为他们手中的市政债券提供再保险。美国债券保险商通过为信用债券提供长期的保险业务，已经享受了多年的盈利和繁荣，其中，市政债券所募集的钱用于政府建设学校、公路和其他公共设施。但是过去的一个时期，这些债券保险公司开始与次级抵押贷款联系起来，向低信用级别的人提供贷款。近几个月来，这些保险商损失惨重，也让对保险公司至关重要的 AAA 评级岌岌可危。巴菲特的计划就是提供上亿美元的资金以拯救这些市政债券的信用危机。"

巴菲特说：“这将扫清市场上的阴云。”

巴菲特的这一行动让人联想起 J.P. 摩根。那时，美国没有中央银行，当时的金融信托机构陷入了信用危机，引发全国金融混乱。1907 年 10 月 23 日，年近 70 岁的 J.P. 摩根发出了著名宣告：“是时候停止这场灾难了。”之后的两个星期，摩根承担了中央银行的角色，自己在短短 20 分钟，拿出 2000 万美元的现金，同时召集金融界联合解决了当时的流通性和信心危机，帮助美国走出困境。摩根当时资产达 13 亿美元，可谓富可敌国。他组织了一个银行家联盟，向需要资金的银行提供贷款，并收购股票。很快，美国财政部长乔治·科特留宣布，政府动用 3500 万美元资金参加救市。随后，市场恢复正常。此次救市导致了 1914 年美国联邦储备系统的诞生，金融体系的稳定性得以增强。

人们猜测，78 岁的巴菲特想重复 J.P. 摩根的壮举，凭借自己的威望和能力力挽狂澜。但巴菲特有这样的能力吗？

商业史学家约翰·斯蒂尔·戈登说：“在摩根先生的时代，世界相对要小得多，而他彼时的影响力却是非常之大。”与巴菲特相比，摩根一个人当时拥有美国十分之一的财富，而巴菲特的个人财富还不是当今美国财富的 1/200。

所以，巴菲特的举动更多的是在投资领域而非拯救美国经济上。巴菲特恰好把握住了低价买入的机会。巴菲特说：“市场当前提供给我的机会是半年或者一年前根本不可能出现的，因此我将资金投了进去。”

（本文摘编自《巴菲特谈投资》，海天出版社出版）

李嘉诚：奉献的艺术

尊敬的各位领导、各位来宾、各位 EMBA 教授、同学们：

多谢大家常称赞我是一个成功的企业家，对于这些支持、鼓励，我内心是感激的。

很多传媒访问我，都会问及如何可以做一个成功的商人，其实我很害怕被人这样定位。我首先是一个人，再而是一个商人。每个人一生中都要扮演着很多不同的角色；也许最关键的成功方法就是寻找得到导航人生的坐标。没有原则的人会漂流不定，正确的坐标可让我们在保持真我的同时，亦能扮演不同的角色，挥洒自如；在不同的岗位上拥有不同程度上的成就，就活得更快乐更精彩。

不知从哪时开始，"士农工商"这样的社会等级概念，深深扎根在中国人传统思想内。几千年来，从政治家到学者，在评价"商"的同时几乎都异口同声带着贬义。他们负面看待商人经济的推动力，在制度上各种有欠公允的法令历代层出不穷，把司马迁《货殖列传》所说从商人士"各任其能，竭其力以得所欲"、资源互通有无、理性客观的风险意识、资本运作技巧、生生不息的创意贡献等等正面的评价，曲解为唯利是图的表征，贬为"无商不奸"，或是"熙熙攘攘，都是为利而来，为利而往"的唯利主义者。

　　当然，在"商"的行列里，也确实不乏满脑袋只知道赚钱，甚至在道德上有所亏欠亦在所不惜，干出恶劣行为的人。他们伤害到企业本身及整个行业的形象。亦有一些企业只懂钻营于道德标准和法律尺度中寻找灰色地带。更多商人却知道今天商业社会的进步不仅要靠个人勇气，勤奋和坚持，更重要的是建立社群所需要的诚实、慷慨，从而创造出一个更公平、更公正的社会。

　　从小我就很喜欢听故事，从别人的生活可以有所领悟。当然，这不只限于名人或历史人物，我们周遭的各人各事言行举止，常常会带来启发，在商言商，有些时候，更会带来巨利的机会。洛克菲勒（Rockefeller）与擦鞋童的故事相信大家都知道：当1929年华尔街股市崩溃前，一个街边擦鞋童替洛克菲勒擦鞋时，给予他一项炒卖股票的所谓秘密消息。当时洛克菲勒领悟到当擦鞋童亦参与股票市场时，便可能是应该离场的时候，他随即将股票兑现，此举令他得以保存财富。

　　范蠡一句："飞鸟尽，良弓藏；狡兔死，走狗烹。"成了他传世的主轴，说尽了当时社会制度的缺憾。范蠡是太史公司马迁所撰的《史记．货殖列传》中所记载的第一位货殖专家，他曾拜计然为师，研习治国治军方略，博学多才，有"圣贤之明"，是春秋时代著名的政治家。他不仅工于谋略，还有渊博及系统化的经济思想，而且他本人亦凭借其经济智慧赢得了巨大的财富。老实说，现代经济学很多供求机制的理论，我国历史中也有记载。范蠡"积着之理"目的是务求货物完好，没有滞留的货币和资金，容易变坏的货物不要久藏，切忌冒险囤居以求高价。研究商品过剩或短缺的情况，就会懂得物价涨跌的道理。物价贵到极点，就会返归于贱；物价贱到极点，就会返归于贵。当货物贵到极点时，要及时卖出，视同粪土；当货物贱到极点时，要及时购进，视同珠宝；货物、钱币的流通周转要如同流水那样生生不息。

　　范蠡的"计然之术"，还试图从物质世界出发，探索经济活动水平起落波动的根据；其"待乏"原则则阐明了如何预计需求变化并做出反应。他主张平价出售粮食，并平抑调整其他物价，使关卡税收和市场都不缺乏，才是治国之道，更提出了国家积极调控经济的方略。

　　"知道要打仗，就要做好战备；要了解货物，就要明白何时出现需求"，"旱

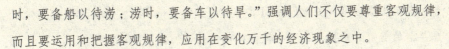

时，要备船以待涝；涝时，要备车以待旱。"强调人们不仅要尊重客观规律，而且要运用和把握客观规律，应用在变化万千的经济现象之中。

我觉得范蠡一生可算无憾，有文种这等知心相重的知交；有西施可共渡艰难、共渡辰光的伴侣，最重要的是有智慧守护终生。我相信他是快乐的，因为他清楚知道在不同时候，自己要担当什么角色，而且都这么出色，这么诚恳有节。勾践败国，范蠡侍于身后，不被夫差力邀招揽所动。

范蠡助勾践复国后，又看透时局，离越赴齐，变名更姓为夷子皮。他与儿子们耕作于海边，由于经营有方，没有多久，产业竟然达数十万钱。

齐国人见范蠡贤明，欲委以大任。范蠡相信"久受尊名，并不是什么好事"。于是，他散其家财，分给亲友乡邻，然后怀带少数财物，离开齐到了陶，再次变易姓名，自称为陶朱公。

他继续从商，每日买贱卖贵，没过多久，又积聚资财巨万，成了富翁。

范蠡老死于陶。一生三次迁徙，皆有英名。

书中没有记载范蠡终归是否无憾。我们的中国心有很多包袱，自我概念未能完善发展。范蠡没有日记，没有回忆录；只有他行动的记录，故无法分析他的心态。他历尽艰辛协助勾践复国，又看透勾践不仁不义的性格，他建立制度，却又害怕制度；他雄才伟略，但又厌倦社会的争辩和无理；他成就伟大，却深刻体会到世间上最强最有杀伤力的情绪是妒忌，范蠡为什么会有如此消极的抗拒？（不参与本身就是一种抗拒）

说完我国著名历史人物范蠡，我想谈一谈一个美国的伟人。

来自另一个世界的本杰明·富兰克林（Benjamin Franklin）在他墓碑上只简单刻上"富兰克林，印刷工人"。他是个哲学家、政治家、外交家、作家、科学家、商家、发明家和音乐家，闻名于世，像他这样在各方面都展现卓越才能的人是少见的。

富兰克林1706年生于波士顿，家境清贫，没有接受全面完整的科学理论教育，他一直努力弥补这一遗憾，完全是靠自学获得了广泛的知识。他12岁当印刷学徒，1730年接办宾州公报，其间，他《可怜李察的日记》一纸风行，成为除圣经外最畅销的书。富兰克林在美国费城从事印刷事业，刊行历书，出版报纸，为政府印刷纸币，实业上获得了很大成功。富兰克林超越年龄的智慧，对别人的关心，健全的思维，富于美德的生活方式，以及他对公共事业的热心和能力很快赢得了当地居民的信任。后来，居民们推举富兰克林担任该地区许多重要职务。他曾经立下志愿，凡是对公众有益的事情，不管多么困难，都要努力承担。自1748年始，他开展了不同的公共项目，包括建立图书馆、学校、医院等等。

富兰克林是一个很积极的人，通过出版，他不断吸收学习，通过科研来满足他对自然的好奇。做好事、做好人是驱动富兰克林终生的核心思想，他极希望自己做的每一件事，均有益于社会，或有用于社会，身体力行为后人谋取幸福。

他名成利就后不忘帮助年轻人找到自己增值的方法，在他《给一个年轻商人的忠告》（Advice to a Young Tradesman）文章内他很实际的名句 "Time is money, credit is money"，将时间和诚信作为钱能生钱（Money begets money）可量化的投资，在《财富之路》（The Way to Wealth）一文内，富兰克林清楚简单地说明，勤奋、小心、俭朴、稳健是致富之核心态度。勤奋为他带来财富，俭朴让他保存产业。富兰克林十三个人生信条他都写得简明扼要，生动活泼，很受当时人们的欢迎，节制、缄默、秩序、决心、节俭、勤勉、真诚、正义、中庸、清洁、平静、贞节、谦逊几乎全可作为年轻人的座右铭。

在美国独立战争期间，他曾出使法国，争取法国的支持。他的杰出工作，赢得了法国人民对美国人民的同情与支持，为独立战争的胜利作出了贡献。直到83岁高龄，他才辞去一切公务。制宪会议一开始，德高望重的富兰克林就表现出了一个政治家的博大胸怀。1787年5月25日那天，宾夕法尼亚（Pennsylvania）代表团提议由华盛顿担任大会主席，并得到了一致同意。虽然那天富兰克林因故没有出席，可是提名华盛顿将军的，却是富兰克林本人。后来当上美国总统的麦迪逊在他的笔记里写道："这项提名来自宾夕法尼亚，实为一种特殊礼遇，因为富兰克林博士一直被认为是唯一可与华盛顿竞争的人。"此时的富兰克林已经81岁。虽然年事已高，富兰克林坚持留给制宪会议的绝非是名誉高位，而是胸襟、智慧和爱国精神。

　　1790 年，这位为教育、科学、为公务献出了自己一生的人，平静地与世长辞。他获得了很高的荣誉，美国人民称他为"伟大的公民"，历代世人都给予他很高的评价。

　　人类历史碑上永远会铭刻着富兰克林的名字。

　　范蠡和富兰克林，两个不同的人，不同时代，不同文化背景，放在一起说好像互不相干，然而他们的故事值得大家深思。范蠡改变自己迁就社会，而富兰克林推动社会的变迁。他们在人生某个阶段都扮演过相同的角色，但他们设定人生的坐标完全不同。范蠡只想过他自己的日子，富兰克林利用他的智慧、能力和奉献精神建立未来的社会。就如他们从商所得，虽然一样毫不吝啬馈赠别人，但方法成果却有天渊之别；范蠡赠给邻居，富林克林用于建造社会能力（Capacity building），推动人们更有远见、能力、动力和冲劲。有能力的人可以为社会服务，有奉献心的人才可以带动社会进步。

　　今天的中国人是幸运的，我们经历着中国历史从来未见的制度工程，努力建设持续开放及法治的社会，拥抱经济动力和健康自我概念的发展，尽避未尽完善，亦不必像范蠡一样受制于当时社会价值观，只能以"无我"为外衣，追求"自我"，今日我们可以像富兰克林建立自我，追求无我。在今天，停滞的思维模式已变得不合时宜，这不是要弃旧立新，采取二元对立、非黑即白的思维，而是要鼓励传统的更生力，使中国文化更适用于层次多元的世界。在全球化的今天，我们要懂得比较历史，观察现在和梦想未来。从商的人，应更积极、更努力、更自律，建立公平公正，有道德感，自重和守法精神的社会，才可为稳定、自由的原则赋予真正的意义。没有外在要求，我们要愿意利用我们的智慧和勇气，为自己、企业和社会创造财富和机会，各适其适。最近我阅到一段故事《三等车票》，在印度一位善心的富孀，临终遗愿要将她的金钱，留给同村的贫困小孩分批搭乘三等火车，让他们有机会见识自己的国家，增长知识之余，更可体会世界的转变和希望。"栽种思想，成就行为；栽种行为，成就习惯；栽种习惯，成就性格；栽种性格，成就命运。"这不知道是谁说的话，但我觉得适用于个人和国家。

　　我最近常常对人说，我有了第三个儿子，朋友们听说后都一脸不好意思地恭喜我。我是很高兴，我不仅爱他，我的儿子也将爱他，我的孙儿也将爱他。我的基金会就是我第三个儿子。过去的 60 多年，沧海桑田，但我始终坚持最重要的核心价值：公平、正直、真诚、同情心，凭仗努力和蒙上天的眷顾，循正途争取到一定的成就，我相信，我已创立的一定能继续发扬；我希望，财富的能力可有系统地发挥。我们要同心协力，积极、真心、决心，在这个世上撒播最好的种子，并肩建立一个较平等及富有同情心的社会，亦为经济、教育及医疗作出贡献；希望大家抱着慷慨宽容的胸怀，打造奉献的文化，实现我们人生最有意义的目标，为我们心爱的民族和人类创造繁荣和幸福。

谢谢大家。

（本文为李嘉诚 2004 年 7 月在汕头大学面向长江商学院 300 名 EMBA 所作
的演讲）

附录二　李嘉诚谈投资
Lijiacheng Talk On Investment

李嘉诚活动年表

1928年,李嘉诚诞生于中国广东省潮州府海阳县(府城)北门街面线巷(今属潮州市湘桥区)的书香世家。

1933年9月,入北门街观海寺小学读书。

1940年冬,随父母到香港定居。

1943年,开始学徒、工人、推销员生活。

1948年,任一家塑胶厂业务经理、总经理。

1950年,在筲箕湾创立长江塑胶厂。

1957年,在北角成立长江工业有限公司,发展塑胶花、玩具生产。从此到1964年,于塑胶、玩具业内举足轻重。

1958 年，开始拓展地产业。先后在北角（1958 年）、柴湾（1960 年）建造了两座工业大厦。

1960 年，从事地产投资。积聚资金，储存土地。

1963 年，与庄月明女士结婚。继续发展地产业。9 月 31 日，创建长江实业有限公司。

1972 年 11 月 1 日，"长实"股票在香港证券交易所、远东交易所、金银证券交易所挂牌上市。

1973 年，"长实"股票在伦敦挂牌上市。5 月，与加拿大帝国商业银行联组怡东财务有限公司。

1974 年，是"长实"走向企业国际化多元化的重要起步。6 月，长实股票在加拿大温哥华挂牌上市。

1977 年 1 月 14 日，参与中环遮打站上盖（环球大厦）、金钟站上盖（海富中心）建设竞投。一举战胜老牌英资"地产股王"置地公司，"长实"夺标。4 月，成功地收购了美资永高公司。接手经营香港希尔顿大酒店和印尼巴厘岛的凯悦酒店。购入虎豹别墅及其他多项地皮、物业。

1978 年 3 月 23 日，长江实业（集团）有限公司迁入皇后大道中 29 号华人行（与汇丰银行合作改建成功）。10 月 1 日，首次应邀到北京参加中华人民共和国国庆观礼活动，并积极关心家乡潮州的有关民房、医院建设。将所持英资怡和集团的"九龙仓"18％的股票转让给香港船王包玉刚。收购了英资青洲英坭有限公司，并予合作。翌年，拥有该公司 36％股权。出任该公司董事局主席。

1979 年，是李嘉诚事业大转机、大发展的一年。7 月，与中资侨光公司联组宜宾地产有限公司，取得沙田铁路维修站上盖发展权。7 月，与中资美资合作，作首次在香港重工业方面投资，成立联合的中国（香港）水泥厂。与庄世平、吴南生等商议带头捐资创建汕头大学。9 月 25 日，汇丰银行决定将 22.4％的和记黄埔公司（香港四大老牌英资公司）的股权让给"长实"。"长实"从而成为在香港第一个控制英资财团的华资财团，创华资集团在香港成功事例。10 月 15 日李嘉诚出任"和黄"执行董事。

1980 年 5 月 4 日，李嘉诚带头捐资的汕头大学在广州成立筹备委员会。9 月，首次捐资 3000 万港元兴建汕大。

1981 年 1 月 1 日，出任和贡公司董事局主席。成为在香港第一个人主英资集团的华人总裁。3 月，在由香港电台（RTHK）与美国万国宝通银行联合举办的全港评选中，李嘉诚被评选为 1980 年度香港的"风云人物"。

1984 年 1 月，李嘉诚宣布投资 40 亿港元，发展物业。9 月 29 日，中英在北京正式签署关于香港前途的联合声明，李嘉诚应邀出席仪式。

1985 年 1 月 21 日，和黄收购港灯 34％股权。5 月 15 日，李嘉诚出任汇丰银行董事局非执行副董事长。6 月 18 日，李嘉诚出任中国香港特别行政区基本法起草委员会委员。10 月，收购国际城市公司。12 月，和黄属下的香港国际货柜码头有限公司投资 20 亿港元，实施葵涌六号码头的填海发展计划。

1986 年，长实系集团名列香港大十财团首富。3 月 25 日，香港大学授予李嘉诚为名誉法学博士。6 月 20 日，邓小平在北京人民大会堂会见了李嘉诚。李嘉诚旗下四大公司上市值占香港上市总值 13.57％。

1987 年 2 月 10 日，李嘉诚出任汕头大学校董事会名誉主席。3 月，港灯公司一分为二，一为"港灯"，主营电力业务；一为嘉宏国际（集团）公司，主营地产、酒店业、石油业等。5 月，李嘉诚旗下四大公司上市值占香港上市总值的 15％。9 月，李嘉诚旗下四大公司集资 103 亿，其中一半由李嘉诚购认包销。李嘉诚收购英资大东电报局 4.9％股权。李嘉诚与和黄、嘉宏两公司投资购入加拿大赫斯基石油公司 43％的股权。12 月，李嘉诚收购英国克拉夫石油公司 14.3％股份。和黄则拥有克拉夫石油公司 21.3％股份。

1988 年 1 月，宣布发展茶果岭及鸭脷洲向大屋村建设计划。11 月 26 日，与华润公司合作，宣布发展天水围物业计划。4 月，与中信合作，取得蓝田地铁上盖发展权。4 月 10 日，投得葵涌七号货柜码头发展权。4 月，与新世界发展公司主席郑裕彤、恒基兆业公司主席李兆基、加拿大帝国商业银行联组协平世博发展有限公司。6 月，与李兆基、邵逸夫、周文轩、曹文锦等合作，竞投得新加坡展览中心发展权。10 月，李嘉诚全面收购青洲英坭公司。

1989 年元旦，获英女皇颁发的 CBE 勋爵衔及勋章、奖章。10 月，出席港督代表英女皇举行的颁发典礼。6 月 9 日，获加拿大卡加里大学颁发的荣誉法学博士衔。是年，美国《财富》杂志、《人民日报》（北京）等均报道李嘉诚名列世界超级亿万富豪消息。

1990 年 1 月，宣布投资 135 亿港元发展蓝田汇景花园、茶果岭丽港城及天水围发展嘉湖山庄计划。4 月 7 日，由和黄、中信和英国大东电报局合作投资的"亚洲卫星一号"，由中国"长征三号"运载火箭成功地送入东南亚上空的同步轨道。

1991 年长实系集团已发展成为有重要国际地位和影响的跨国的庞大的企业集团，拥有 1200 多亿港元资产。资产比 1986 年增加 2 倍半。7 月，以长实系四大公司名义捐款 5000 万港元赈助华东灾区。8 月，长实与新世界

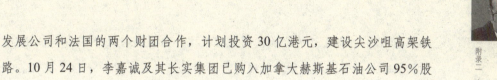

发展公司和法国的两个财团合作，计划投资 30 亿港元，建设尖沙咀高架铁路。10 月 24 日，李嘉诚及其长实集团已购入加拿大赫斯基石油公司 95％股份。12 月 20 日，对汕头大学捐资达 6.5 亿港元。

1992 年 3 月 26 日，长江实业（集团）有限公司公布 1991 年业绩。"长实"公司赢利 48 亿多元。4 月 2 日，李嘉诚辞去香港上海汇丰银行董事局副主席职务。4 月，被聘为广东省教育基金会名誉会长。4 月 30 日，李嘉诚在汕大提出："经国家领导人同意，要把汕大办成全国第一所改革开放的试验性大学！"李嘉诚对汕大捐资增至 6.8 亿港元。5 月 1 日，在深圳成立合资的深圳长和实业有限公司。9 月，参与合营的顺德市新城区土地发展有限公司投资，参与面积为 6000 华亩的土地开发。在上海、东莞、广西北海市、广州、深圳、北京也有多项投资物业发展。9 月 21 日受聘为广州中华民族文化促进会名誉会长。10 月，李嘉诚的"和黄"公司赠送给中国参加巴塞罗那第 25 届奥运会的金、银、铜牌获得者及运动健儿们 120 万港元。

1993 年 2 月 2 日，李嘉诚再捐资 2 亿港元，支持汕大的改革开放，吸引高素质人才。至此，李嘉诚对汕大捐资总额达 8.8 亿多港元。2 月 5 日，李嘉诚被授予"广州市荣誉市民"称号。3 月 18 日，长实公布 1992 年度业绩，赢利为 62 亿多港元。创历史新纪录。比 1991 年增长 28％。李嘉诚宣布：转向中国内地市场拓展。目前国内项目占集团资产值的 25％。3 月 16 日，香港李嘉诚汕头大学基金会有限公司与汕头市政府达成协议的汕头第一城开发有限公司成立。5 月 13 日，李嘉诚投资 35 亿港元参与福州市旧城区三坊七巷的改造和重建工程正式签约。"长实系"的长实、和黄、港灯三大上市公司市值共 1342 亿港元。原嘉宏国际公司在 1992 年 8 月已私有化。李嘉减对"中国残疾人基金"捐资 1 亿港元。

1994 年，李嘉诚在港现所管理的企业（"长实"、"和黄"、"港灯"，及"长实"的全资附属公司的"青洲英坭"和"安达臣大亚有限公司"）在 1994 年除税后赢利达 28 亿美元。长江实业（集团）有限公司从 1972 年成立至今，已发展成为在香港具有领导地位的地产和投资发展公司。"长实"集团占全港上市公司市场资产总值的 10%。2 月 28 日，李嘉诚为"汕头教育基金"捐款 1000 万元港币。并被聘为该"基金"永远名誉会长。6 月 21 日，李嘉诚捐资 1000 万元，帮助广东省救助受严重水灾地区。7 月 2 日，李嘉诚捐资 1100 万元，帮助潮州市兴建 50 所山区基础小学。1994 年"汕头市十大新闻"之一，是 11 月 28 日，李嘉诚投资 20 亿人民币，由汕头市政府负责建设的微利房"安居工程"动工。

1995 年 9 月 25 日，以李嘉诚等为信托人组织发起的"香港明天更好"基金在香港成立。宗旨是促进香港商界对香港未来的前景充满信心。基金总额为 1 亿港元，以策划宣传、推广"东方之珠"的成就及形象，以增强海外人士对香港前景的信心。11 月 9 日，李嘉诚为家乡捐建的"潮州残疾人活动中心"落成。

1996 年 1 月 26 日，全国人民代表大会香港特别行政区筹备委员会在北京宣告成立，李嘉诚被任命为筹委会委员（筹委会委员共 150 名，其中香港委员 94 名，占 63%），参加了筹委会第一次全体委员会议（1 月 26 日至 27 日）。2 月 3 日 19 时 14 分，云南省丽江地区发生 7 级地震，损失惨重。李嘉诚闻讯，于 2 月 9 日以属下 3 家公司名义，捐款 1000 万港元。5 月 10 日，李嘉诚旗下的"长实"集团，首期注资 15.05 亿人民币，与广东省南海市合作建设经营高等级公路网络。

1997 年，长和集团重组。

1999 年，和黄出售 Orange，劲赚 1130 亿元，成为世界上赚钱最多的交易。

2000 年，李嘉诚为大股东的网股 Tom.com 上市，50 万人抢购，轰动一时。

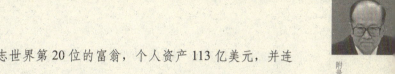

成为美国《福布斯》杂志世界第 20 位的富翁，个人资产 113 亿美元，并连续两年成为亚洲首富。和黄先后收购英、意、奥、以等国 3 G，开始构建 3 G 王国。2000 年 1 月，李嘉诚捐 4000 万支持教育助公开大学设港岛区教学中心。2000 年 5 月 20 日，李嘉诚基金会再捐 6 亿元支持汕头大学中、港、美知名学者加入新一届校董会。2000 年 6 月 1 日，李嘉诚基金会捐赠 1 亿元予香港理工大学。2000 年 8 月，李嘉诚以 13 亿 3000 万美元（约 23 亿新元）从 Scottish Power 公司手中买下澳洲维多利亚省最大电力输送及零售公司 Powercor Australia。2000 年 9 月 22 日，李嘉诚捐赠 1000 万美元推动中国未来互联网（Internet 2）发展研究支持科教兴国精神暨"长江学者奖励计划"为中国延揽海内外人才。2000 年 11 月 7 日，李嘉诚在汕头每年捐助 500 万元资助中国扶贫医疗及唯一免费宁养服务，迄今受惠贫苦病人超过 3 万多名。2000 年 12 月 4 日，"长江新里程计划"启动实施，李嘉诚捐款 6000 万港币重点资助中西部残疾人。2000 年 12 月 4 日，李嘉诚捐资 2 亿港元支持残疾人事业。2000 年 12 月 12 日，李嘉诚基金会捐款港币 4400 万元支持香港公开大学设立"港岛教学中心"。2000 年，和黄中国医药科技成立。2000 年，李嘉诚首次出击，收购了英国 Savers 连锁店，将业务范围扩大到欧洲地区。

2001 年 2 月 13 日，李嘉诚基金会资助国内 16 所重点医院建立免费宁养善终服务计划，每年捐款逾 1600 万元并逐步扩大。2001 年 5 月 17 日，李嘉诚出席汕大校董会议主讲"经济沙龙"，传授经营之道宣布推行全国宁养善终服务。2001 年 5 月 20 日，李嘉诚基金会资助国内 20 所重点医院。

2002 年 4 月 10 日，李嘉诚及和黄集团慨捐 2300 万元于第七届国际人类基因组大会。2002 年 6 月 28 日，李嘉诚捐资 7000 万兴建国际眼科中心。2002 年 9 月 9 日，李嘉诚基金会及和记黄埔集团捐资新加坡管理大学坡币 1950 万元支持图书馆及成立中港学生奖学金。2002 年 11 月，长江商学院正式成立，长江商学院是由李嘉诚（海外）基金会捐资创办的非营利性高等教育机构，是中国政府批准的第一家以提供工商管理硕士（MBA）、高层管理人员工商管理硕士（EMBA）和高层管理培训（EDP）为主的、具有独立法人资格的商学院。

2003 年 11 月，长江学院 MBA 第一批学员入校。2003 年 3 月份，和黄率先在欧洲大陆的英国和意大利推出了 3G 业务，也是唯一通过 3G 切入市场的运营商。2003 年 12 月，和黄通过附属公司和记中药，与同仁堂集团总部成立北京同仁堂和记医药投资有限公司，同仁堂与和记各占 49% 股份。合资公司全面介入同仁堂的所有实体项目。

2004 年南亚海啸，李嘉诚通过旗下的和记黄埔及李嘉诚基金会，共捐出 300 万美元予受灾人士。2004 年 5 月底，和黄与广州白云山股份有限公司达成合作意向，以白云山中药厂为基础成立合资公司——白云山和记中药有限公司，投资 10 亿元。2004 年 10 月 30 日，李嘉诚为国家游泳中心（水立方）捐赠了 1 亿元人民币。和黄到 2004 年末已向 3G 业务投入约 2000 亿港元。

2005 年 1 月，李嘉诚控股的长江实业持有南方航空 9693.8 万股 H 股，加上和记黄埔和李嘉诚信托基金已持有的 9693 万股南航，共计 1.93 亿股，相当于南航 16.51% 股权，为南航第二大股东。2005 年 5 月 16 日，广州白云山制药股份有限公司与和记黄埔属下和黄（中国）有限公司共同出资，成立白云山和黄中药有限公司，双方各持有 50% 股份。和黄医药科技持有和黄（中国）有限公司 75% 的股份，因此间接持有白云山和黄 37.5% 股份。2005 年 5 月，李嘉诚向香港大学医学院捐出港币 10 亿元以资助医科学生及医学研究用，香港大学校长徐立之称将重新命名香港大学医学院为"香港大学李嘉诚医学院"。2005 年 6 月，和记黄埔将拥有的香港国际货柜码头有限公司 20% 的股权卖给 PSA。2005 年 5 月到 8 月之间，李嘉诚的"长和系"在武汉、重庆、天津、上海和北京大肆圈地和收购物业。2005 年 10 月 10 日基金会与和记黄埔合共捐出 50 万美元予巴基斯坦地震灾民。2005 年 10

月 20 日，李嘉诚与大连港集团签署了合资成立矿石码头合同；2005 年 11 月 9 日，李嘉诚逾 65 亿再投盐田港。

2006 年 9 月 5 日，李嘉诚宣布，将为"李嘉诚基金会"捐出 480 亿元，这将是全球华人私人基金会中金额最高的一个；李嘉诚收购了乌克兰保健及美容产品连锁店 DS 的 65% 的股权。2006 年 8 月 30 日，李嘉诚为纯作慈善用途的李嘉诚基金会再次作出贡献。2006 年 12 月李嘉诚以底价 22 亿元竞得真如副中心 A3-A6 地块。

2007 年 3 月，李嘉诚向新加坡国立大学李光耀公共政策学院捐款 1 亿新加坡币（逾 5 亿港元），创立教育及学术发展基金，设立教授席及 40 个硕士奖学金等。2007 年，李嘉诚曾对包括中国远洋、南方航空及中海集运等 8 家企业进行了明显的减持。李嘉诚在 2007 年的股市的投资行为只能用"抛售"来形容。

2008 年 3 月 27 日，李嘉诚旗下的长江实业（集团）有限公司（长实）及和记黄埔有限公司（和黄）举行 2007 年全年业绩发布。2008 年 5 月 19 日，李嘉诚以李嘉诚基金会、长江集团、和记黄埔集团的名义捐款 1 亿元人民币，用于为灾区学生设立特别教育基金。加上此前李嘉诚教育基金捐出的 3000 万元人民币，李嘉诚捐款已达 1 亿 3000 万元人民币。2008 年 10 月 3 日至 30 日期间，李嘉诚在陆续买入旗下上市公司长江实业及和记电讯股份，这轮增持共耗费资金约 2.6 亿港元。

2009 年 3 月，李嘉诚启动内地最大的商业地产项目——上海真如城市副中心项目。2009 年 4 月 22 日，李嘉诚旗下长江集团、和记黄埔联合向木 2010 年上海世博会中国馆捐赠人民币 1 亿元人民币。

（注：本年表部分内容汇总自《李嘉诚传》作者：夏萍　作家出版社，1996）

李嘉诚精彩语录

◆ 傲心跟傲骨的区别是非常大的。一个人如果认为自己了不起，就像一杯水装满了之后，一滴水都装不进去。

◆ 所以叫骂的心是不可以有的，傲骨是一定要有的。所谓傲心傲骨，刚才有人问我"一个中国人是一条龙，一群中国人是一条虫"，怎么能说一群中国人是一条虫呢？其实这是我们应该检讨的地方。我们有我们的缺点，我们的妒忌心、眼红症，不仅在内地有，香港也有。中国人和日本人一对一，我们不比他们差。但是在团队中，他们都能互相支持，在形成一个组织之后就非常强大。问题是在于我们应该怎么样，而不要妒忌、眼红。从儒家来说，妒忌不仅伤害自己，也伤害到别人。

◆ 我 14 岁的时候就明白一个道理，一个人如果爬的高而且长的快，在他快要超过你的时候，你就希望去伤害他一下，让他不要长得那么快。如果一个人长得不快，你就不会这么想。其实如果你妒忌别人，吃大亏的是自己，因为你会睡觉都睡不好，所以不要妒忌别人。

◆ 精明的商人只有嗅觉敏锐才能将商业情报作用发挥到极致，那种感觉迟钝、闭门自锁的公司老板常常会无所作为。

◆ 好的时候不要看得太好，坏的时候不要看得太坏，最重要的是要有远见，杀鸡取卵的方式是短视的行为。

◆ 对人诚恳，做事负责，多结善缘，自然多得人的帮助；淡泊明志，随遇而安，不作非分之想，心境安泰，必少许多失意之苦。

◆ 在逆境的时候，你要自己问自己是否有足够的条件应对。当我自己逆境的时候，我认为我够！因为我勤奋、节俭、有毅力，我肯求知及肯建立一个信誉。

◆ 当生意更上一层楼的时候，绝不可有贪心，更不能贪得无厌。

◆ 人才缺乏，要建国图强，亦徒成虚愿。反之，资源匮乏的国家，若人才鼎盛，善于开源节流，则自可克服各种困难，而使国势蒸蒸日上。从历史上看，资源贫乏之国不一定衰弱，可为明证。

◆ 假如今日，如果没有那么多人替我办事，我就算有三头六臂，也没有办法应付那么多的事情，所以成就事业最关键的是要有人能够帮助你，乐意跟你工作，这就是我的哲学。

◆ 你们不要老提我，我算什么超人，是大家同心协力的结果。我身边有300员虎将，其中100人是外国人，200人是年富力强的香港人。

◆ 人才取之不尽，用之不竭。你对人好，人家对你好是自然的，世界上任何人都可以成为你的核心人物。

◆ 不为五斗米折腰的人，在哪里都有，你千万别伤害别人的尊严，尊严是非常脆弱的，经不起任何的伤害。

◆ 有金钱之外的思想，保留一点自己值得自傲的地方，人生活得更加有意义。

◆ 知道何时应该退出，这点非常重要，在管理任何一项业务时都必须牢记这一点。

◆ 与其到头来收拾残局，甚至做成蚀本生意，倒不如袖手旁观。

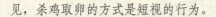

参考文献

1. 窦应泰著 . 李嘉诚家族传 . 华夏出版社，2008.1

2. 曾禹著 . 李嘉诚——财富人生 . 北京工业大学出版社，2009.1

3. 张岩雨，李问渠著 . 跟李嘉诚学创业 . 海潮出版社，2009.4

4. 龙巍坚著 . 李嘉诚图传 . 湖北人民出版社，2008.1

5. 许泽惠著 . 李嘉诚如是说 . 人民文学出版社，2001.10

6. 禾田著 . 首富李嘉诚生意经 . 中国商业出版社，2009.6

7. 成金著 . 李嘉诚 60 年商海生涯的终极商道 . 南方出版社，2007.6

8. 夏萍著 . 李嘉诚传 . 作家出版社，1996

9. 陆敏珠著 . 世纪超人：李嘉诚少年与青年的成长经历 . 金城出版社，2002

10. 郎咸平 . 李嘉诚如何思考大策略 . 新财富 .2003.2

11. 郎咸平 . 李嘉诚怎么过冬 . 新世纪周刊，2009.3

12. 张亮 . 李嘉诚：商者无域 . 环球企业家，2008.7

13. 张亮 . 你所不知道的李超人 . 环球企业家，2006.10

14. 张斌 . 李嘉诚的圈地攻略长线而渔 . 华人世界，2007.4

15. 周凯 . 香港首富李嘉诚谈理财：炒股量力，长线买楼 . 新闻晨报，2009.3

16. 高凌云，张琰，王海艳 . 李嘉诚涉足新能源 1.5 亿英镑竞标英国风力发电厂 . 南方都市报，2009.6

17. 郝智伟 . 李嘉诚全面发力内地房产 . IT 经理世界，2009.7

18. 陈周锡 . 李嘉诚内地房地产项目密集启动 . 经济观察报，2009.6

19. 邓庆乐 . 李嘉诚加速开发内地房产市场，今年或"动作最大". 中新社，2009.6

20. 龙飞 . 李嘉诚在行动 . 中国经营报，2009.6

21. 李嘉诚 . 想成功要先花 90% 时间想失败 . 全球商业，2009.6

22. 艾学蛟 . 解密李嘉诚抄底真相 . 证券导刊，2009.5

23. 陈正新 . 当年捐建汕大的决定正确 . 广州日报，2009.6

24. 戎一人 . 李嘉诚：宏观经济仍有问题，投资需谨慎 . 网易财经，2009.5

25. 明弼 . 李嘉诚：和记黄埔 3G 业务今年扭亏为盈 . 搜狐 IT，2009.5

26. 李丽 . 蛰伏近三年终出手，李嘉诚父子投百亿于沪楼市 . 每日经济新闻，2009.5

27. 秦明明 . 李嘉诚超人舞步踏出玄机，开发真如 100 亿是巧合 . 东方早报，2009.5

28. 张小丹 . 百亿加注内地商业地产，李嘉诚左右手"合力"逆势投资 . 通信信息报，2009.4

29. 李凌霞.经济放缓，李嘉诚改做长线投资.每日经济新闻，2009.5

30. 梁悦琴.香港首富李嘉诚谈理财：炒股要力，长线可买楼.中国新闻网，2009.3

31. 谭璐.长和系主席李嘉诚："我干得很开心".21世纪经济报道，2009.3

32. 李鹤鸣.李嘉诚看多后市频出手，策略已在悄悄改变.信息时报，2009.3

33. 朱楠.李嘉诚旗下和记黄埔再抛御翠园商铺，单价千万左右.东方早报，2009.3

34. 李海强.郑永刚谈郭广昌和李嘉诚：郭疾我慢，李不可复制.21世纪经济报道，2009.3

35. 梁悦琴.李嘉诚：未来3年不会蚀本.香港文汇报，2009.3

36. 李伊琳.李嘉诚的接盘手.21世纪经济报道，2009.1

37. 李和裕.先抛楼后卖地 李嘉诚在上海怎么了.上海证券报，2009.2

38. 徐清.李嘉诚投资失手，长业收益猛降95%和记黄埔受累3G.理财周报，2009.4

39. 邓美玲.李嘉诚如何度过经济危机.经济观察网，2009.2

40. 邓庆乐.李嘉诚：中国在金融海啸中应最快复苏，香港可受惠.中国新闻网，2009.3

41. 覃羿彬.商者无域李嘉诚.21世纪经济报道，2008.12

42. 贾晓燕.李嘉诚将引领内地房企投向商业地产.证券日报，2009.3

43. 刘志明.屈臣氏：李嘉诚怎样做零售.新营销，2006.11

44. 高凌云.李嘉诚：零售地产能源三面出击 转守为攻.南方都市报，2009.2

45. 徐春梅.李嘉诚发力内地零售业.中国经营报，2006.1

46. 谭璐.李嘉诚点评救市传言：利用这种消息赚钱的人真是罪过.21世纪经济报道，2008.8

47. 徐超.李嘉诚：满眼战略的激进"投机者".通信产业报，2007.1

48. 汤政.李嘉诚欲再续TOM神话.京华时报，2002.5

49. 沈建华.李嘉诚的经营观.管理学家，2006.12

50. 陈少波.发行新股注资3千万美元，李嘉诚入主华娱电视.国际金融报，2003.7

51. 赵津绪.简析李嘉诚的多元化经营战略.中国经贸，2009.5

52. 艾学蛟.从李嘉诚发家史解密抄底真相.财经文摘，2009.5

53. 张鹏.李嘉诚港口投资的欢乐与哀愁，面临南热北冷局面.中国经营报，2005.10

54. 谭璐.李嘉诚：一生最伟大的投资.中国商界，2008.11

55. 谭璐.李嘉诚养了22年的"新奶牛".21世纪经济报道，2008.8

56. 张伟湘.李嘉诚"赫斯基"能源或将分拆.理财周报，2009.4

57. 罗绮萍.李嘉诚看好油价，中石油欲购赫斯基分享国际油源.21世纪经济报道，2005.8

58. 黄可.李嘉诚出售赫斯基能源股权，中石油夺魁呼声高.21世纪经济报道，2004.12

59. 邓美玲.李嘉诚：5年内不减持中国银行.经济观察报，2009.3

60. 陈晓平.李嘉诚的驭资术.21世纪经济报道，2009.7

61. 谭雅.2007李嘉诚创富心法.小康财智，2008.3

62. 易锐民.联合早报网：《福布斯》最新香港富豪榜，李嘉诚身家减半仍居首富.中国窗，2009.2

63. 刘小庆.增持加转板，李嘉诚宠爱长生科技，每日经济新闻，2008.8

64. 刘小庆.李嘉诚10次增持长江实业，账面浮亏逾5千万港元.每日经济新闻，2008.7

65. 李鹤鸣.李嘉诚看多后市频出手，全力支持汇控供股.信息时报，2009.3

66. 陈晓双.李嘉诚30亿加注上海商业地产.时代周报，2009.4

67. 梁海平，汪江涛.亚洲三大股神巨亏数千亿，李嘉诚身家缩水近四成.理财周报，2008.10

68. 赵俊.李嘉诚：买股票买楼要量力而行.第一财经日报，2009.3

69. 罗小卫.李嘉诚帝国的第五次私有化.原创-IT，2007.3

70. 陈慧颖.和记环球私有化.金融实务，2006.3

71. 何华峰，徐可.TOM在线火线私有化，上市到退市只有短短三年.财经，2007.3

72. 张黎明. TOM 在线宣布退市, 成首家境外退市的中国概念股. 北京晨报, 2007.9

73. 叶柳. 李嘉诚首度证实: 1 亿美元投资 Facebook. 新浪科技, 2008.3

74. 王鹏捷. 李嘉诚吁投资量力而为　推介长和系股票. 中央网络报, 2009.3

75. 邱萍菲. 李嘉诚: 知识创造机会. 文汇报, 2002.3

76. 奥托. 李嘉诚在印度发现了"金矿". 商业周刊, 2006.12

77. 洪少葵. 李嘉诚成《商业周刊》名人. 中新社, 2007.11

78. 胡键, 岳宗. 李嘉诚将至少再捐 20 亿港元建设汕头大学. 广州日报, 2009.6

79. 罗绮萍. 李嘉诚: 内地股市绝对是泡沫. 21 世纪经济报道, 2007.8

80. 纪硕鸣. 医疗扶贫, 关心是潮流. 亚洲周刊, 2005.1

81. 舒时. 金融危机独善其身, 李嘉诚 1190 亿现金过冬术揭秘. 第一财经日报, 2008.11

82. 蓝狮子著. 华人首富 (19 位华人第一富人的深度解读). 浙江人民出版社, 2006

83. 卢轶男. 李嘉诚近期频频出手长和系百亿再攻内地. 中国民营科技与经济, 2002.7

84. 廖中华. 李嘉诚访谈: 超然物外, 与我如浮云. 中国商人, 2007.3

85. 李嘉诚. 李嘉诚答问 过犹不及、知止不败. 中国企业家, 2005.7

86. 张斌. 李嘉诚的圈地攻略. 华人世界, 2007.4

87. 魏汉军. 给企业一个忠告: 不疾而速. 绍兴日报, 2008 .11

88. 梁广. 李嘉诚从容化解商战危机. 看世界, 2008. 6

89. 于晓娜. 李嘉诚相授三铁律: PE 低、盈利强、高派息. 21 世纪经济报道, 2008.3

90. 潘逸华. 李嘉诚放蛋的秘密. 博客中国, 2009.1

91. 马晓芳. 和黄 3G 业务首次扭亏 李嘉诚看到全面盈利曙光. 第一财经日报, 2009.3

92. 吕伟钢. "亚洲超人"一掷 167 亿美元, 李嘉诚超级豪赌 3G 能否逆风飞扬令人瞩目. 南方日报, 2003.1

93. 汤正宇. 李嘉诚入选《财富》杂志"2000 年亚洲最佳商人". 北京青年报, 2001.2

94. 徐超. 李嘉诚: 满眼战略的激进"投机者". 通信产业报, 2007.1

95. 于晓娜. 李嘉诚授逆市投资三铁律: PE 低盈利强高派息. 21 世纪经济报道, 2008.3

96. 周健森. 李嘉诚: "80 后"的保守与理性. 北京晚报, 2009.2

97. 覃羿彬. 商者无域李嘉诚. 21 世纪经济报道, 2008.12

98. 刘志明. 屈臣氏: 李嘉诚怎样做零售. 新营销, 2006.11

99. 章正义. 深圳瞄准世界大港, 李嘉诚斥资百亿扩建盐田港. 第一财经日报, 2005.11

100. 文青. 李嘉诚: 香港难以保持全球第三大港口地位. 中国网, 2008.3

101. 李晶. 盐田港, 李嘉诚布局内地港口的第一枚棋. 2003.8

102. 陶世安. 香港专电: 李嘉诚准备进军内地电讯市场. 人民日报, 2000.5

103. 陈少波. 中国电信国际配售获超额认购, 李嘉诚 4 亿入股. 央视国际, 2002.11

104. 贺宁. 李嘉诚内地首投非集装箱码头. 东方早报, 2005.10

105. 李嘉诚表示: 内地可以成为香港经济的坚强后盾. 中国新闻网, 2008.8

106. 肖玮. 和黄中药子公司英上市 李嘉诚布局国际中药业务. 新华网, 2006.5

107. 芬子. 李嘉诚谋划中药国际市场版图. 华夏时报, 2006.4

108. 杨开然. 李嘉诚宣布: 和黄中药业务将赴英上市. 京华时报, 2006.4

109. 钱琪. 李嘉诚的大买卖 解密千亿私人投资策略. 21 世纪经济报道, 2005.8

110. 王海春. 李嘉诚上海百亿项目启动, 港资逆向投资商业地产. 华夏时报, 2009.5

111. 李健. 李嘉诚尽沽加拿大帝国商业银行, 套现 78 亿全行善. 香港商报, 2005.1

112. 李嘉诚向香港大学捐赠 10 亿港币打破亚洲纪录. 中国新闻网, 2005 .5

113. 钟建伟. 李嘉诚 78 亿售加拿大帝国银行股份. 上海青年报, 2005.1

114. 叶志明. 巴菲特的贪婪与李嘉诚的谨慎. 新快报, 2008.11

224

115. 黄亮 . 华人首富李嘉诚 . 名人传记•财富人物, 2006.10

116. 张亮 . 李嘉诚基金会：华人最大慈善基金运作幕后 . 环球企业家, 2005.3

117. 于骁 . 李嘉诚内地演悟捂盘术, 买地熬六年才开 . 第一财经日报, 2007.8

118. 李萧然 . 李嘉诚逐鹿全球手机市场欲挽 3G 失算 . IT 时代周刊, 2008.12

119. 张亮 . 全面解读李嘉诚：神话与误读背后 . 中国人力资源开发网, 2007.5

120. 孔鹏 . 李嘉诚如何过冬：坚持现金为王 . 新财富, 2009.2

121. 小荷 . 李嘉诚蝉联亚洲首富 . 经济参考报, 2003.4

122. 舒石 . 李嘉诚：1.75 亿增持和电国际 两年前已察觉金融危机将至 . 中金在线, 2008.10

123. 周荣桥 . 荣智健：最后一个资本家 . 华人首富, 2006.8

124. 李嘉诚 . 香港前景会更好 . 长沙晚报, 2007.7

125. 花溪镇 . 和宝洁分手, 李嘉诚悄然揽入上海 "白猫" . 东方早报, 2005.12

126. 金石财经 . 巴菲特、李嘉诚等股神们为何纷纷入市买股票 . 凤凰卫视, 2008.10

127. 陈晓钟 . 李嘉诚：祖国是香港最大后盾 . 人民网, 2004.10

128. 长实董事洪小莲：我好努力 . 明报, 2000.2

129. 卸任中信泰富主席, 历数荣智健曾经的辉煌 . 上海证券报, 2009.4

130. 和黄 3G 密码 . 通信产业报, 2007.1

131. 和记黄埔地产（上海）总经理兼董事会余耀庭 . 第一地产, 2006.6

132. 沃伦•巴菲特年度总结出笼：低成本才有高回报 . 经济观察报, 2005

133. 李嘉诚：上海圆梦 "中药国际化" . 新民晚报, 2007.6

134. 李嘉诚：提供资金支持, 圆梦中药国际化 . 新民晚报, 2007.6

135. 和黄中药子公司英上市, 李嘉诚布局国际中药业务 . 新华网, 2006.5

136. 肯用心思去思考未来——香港首富李嘉诚 . 知识经济, 2003.1

137. 李嘉诚重申：继续投资香港 . 中国时报, 2000.9

138. 李嘉诚要垄断内地港口业 . 大洋网, 2001.5

139. 李嘉诚 65 亿扩建深圳盐田港 . 信息时报, 2005.11

140. 港 44 公司救市回购大量股票 . 联合早报, 1997.10

141. 新闻背后："卖橙" 传奇将重演 . 文汇报, 2004.11

142. TOM 集团引 Joost 入华, 李嘉诚搅动视频红海 . 21 世纪经济报道, 2008.7

143. 李嘉诚：资本运作高手的五次私有化 . 首席执行官, 2007.4

144. 李嘉诚拓内地房产, 先攻一二线城市, 否认地产暴利 . 华尔街电讯, 2006.5

145. 李嘉诚拓内地房产, 先攻一二线城市, 否认地产暴利 . 香港商报, 2006.5

146. 李嘉诚：以地产为龙头的内陆 "超人" 战略 . 华人世界, 2006.3

147. 李嘉诚：内地楼价还会上升 放三四年一定赚钱 . 南方网, 2009.5

148. 李嘉诚：做个正当商人不容易 . 21 世纪经济报道, 2009.7

149. 李嘉诚 24 亿元长科捐基金会 . 明报, 2006.8

150. 对话李嘉诚：57 年日不落经营哲学 . 全球商业, 2009.6

151. 建议买进房地产：李嘉诚：谨慎投资港股 . 星洲日报, 2009.5

152. 商界 . 动态 . 财经, 2005 (14)

153. TOM 在线私有化 李嘉诚以退为进可能再上市 . IT 时代周刊, 2007.9

154. 李嘉诚将捐出 1/3 财产续：家族成员不准取分毫 . 深圳商报, 2006.8

155. 李嘉诚身家大缩水 浮亏 1400 亿港元 . 武汉晚报, 2008.11

156. 李嘉诚抛上海物业, 再套十亿 . 香港大公报, 2009.1

157. 李嘉诚看多后市频出手, 全力支持汇控供股 . 信息时报, 2009.3

158. 财富三杰之李嘉诚 . 青年创业网站，2005.11

159. 以李嘉诚为代表的港资 集体发力冲击内地楼市 . 搜房网论坛，2009.6

160. 揭秘李嘉诚"赚钱"三大心法 . 牛津管理评论，2009.7

161. 李嘉诚 VS 巴菲特：谁更"超人" . 外汇通，2009.7

162. 李嘉诚：以地产为龙头的内陆"超人"战略 . 华人世界，2006.3

163. 李嘉诚最经典的创业风波故事 . 生意场 . 2009.7

164. 75 岁的李嘉诚仍老当益壮 . 路透社，2003.7

165. 李嘉诚：我干得很开心 建议长线买入优质股 . 21 世纪经济报道，2009.3

167. 解密：李嘉诚 90 亿美元的诞生，玩好股市加减法 . 世界经理人，2009.7

168. 李嘉诚的春雷行动：能源地产零售三面出击 . 天下潮商，2009.6

169. 李嘉诚 22 年前收购能源公司，现半年盈利 85.4 亿 . 21 世纪经济报道，2008.8

170. 李嘉诚宣布和记黄埔退出已投得的德国 3G 牌照 . 凤凰卫视，2000.8

171. 李嘉诚：内地土地供应多 楼价会平稳上升 . 新快报，2009.5

172. 李嘉诚"高调"唱多：买入的时机已到 . 中国企业家，2009.3

173. 李嘉诚的 3G 困局 . 中国信息产业网，2009.4

174. 李嘉诚"高调"唱多：买入的时机已到 . 中国企业家，2009.3

175. 李嘉诚：和记黄埔有意在上海上市 . 新浪科技，2009.5

176. 李嘉诚：A 股有泡沫 . 东方早报，2007.5

177. 李嘉诚：A 股绝对是泡沫，作为中国人很担心 . 21 世纪经济报道，2007.7

178. "富贵慈善家"李嘉诚：衡量财富准则，在"内心的富贵" . 中国企业新闻网，2009.5

179. 李嘉诚赚钱的三大心法 . 世界经理人，2009.7

180. 李嘉诚：导演港口巨变 . 现代物流报，2008.12

181. 李嘉诚投资战略：先降低风险 后把握时机 . 牛津管理评论，2007.11

182. 李嘉诚零售主力军屈臣氏逆势扩张 . 第一财经日报，2009.2

后 记 李嘉诚谈投资
Lijiacheng Talk On Investment

《李嘉诚谈投资》在写作过程中作者查阅、参考了与李嘉诚有关的大量的文献和作品，并从中得到了不少启悟，也借鉴了许多非常有价值的观点及案例。但由于资料来源广泛，兼时间仓促，部分资料未能（正确）注明来源及联系版权拥有者并支付稿酬，希望相关版权拥有者见到本声明后及时与我们联系（qiyejiasiwei@126.com），我们都将按国家有关规定向版权拥有者支付稿酬。在此，深深表示歉意与感谢。

由于写作者水平有限，书中不足之处在所难免，诚请广大读者指正。另外，感谢廖琼三、林雪玲、陈其善、吴文明、庄群丽、周秀沙等人参与编写此书并付出的辛勤劳动。

华为教父的管理思想与商道真经
中国最神秘、低调企业家的商业传奇
众多中国企业家竞相学习的完美标杆

《任正非谈管理》
ISBN: 978-7-80747-553-8
作者: 冠良
定价: 39.00元

中国第一职业经理人的职场智慧与管理真经
最受民营企业家欢迎的「打工皇帝」
微软中国终身总裁价值「10亿的职场智慧

《唐骏谈职场奋斗与人生成功》
ISBN: 978-7-80747-697-9
作者: 云峰
定价: 39.00元

中国教父级CEO的管理思想与商道真经
中国最具影响力企业家的战略运筹与政治谋略

中国地产教父的经营智慧与管理真经
中国最受尊敬企业家的传奇商道
中国最大房地产公司万科集团董事长的「道路与梦想」

《王石谈管理》
ISBN: 978-7-80747-702-0
作者: 张宁
定价: 39.00元

联想教父的创业谋略与商业传奇
中国教父级CEO的管理思想与商道真经
中国最具影响力企业家的战略运筹与人生智慧

《柳传志谈管理》
ISBN: 978-7-80747-703-7
作者: 元轶
定价: 39.00元

中国顶级ＣＥＯ的商道智慧

没有围墙的商学院　　ＣＥＯ大讲坛

《总裁的智慧1》
ISBN：978-7-80747-295-7
作者：《总裁的智慧》项目组
定价：36.00元

《总裁的智慧2》
ISBN：978-7-80747-296-4
作者：《总裁的智慧》项目组
定价：36.00元

《总裁的智慧3》
ISBN：978-7-80747-297-1
作者：《总裁的智慧》项目组
定价：36.00元

《总裁的智慧4》
ISBN：978-7-80747-298-8
作者：《总裁的智慧》项目组
定价：36.00元

《总裁的智慧5》
ISBN：978-7-80747-418-0
作者：《总裁的智慧》项目组
定价：36.00元

《总裁的智慧6》
ISBN：978-80747-419-7
作者：《总裁的智慧》项目组
定价：36.00元

《总裁的智慧7》
ISBN：978-7-80747-515-6
作者：《总裁的智慧》项目组
定价：36.00元

《总裁的智慧8》
作者：《总裁的智慧》项目组
定价：36.00元

中国股市最赚钱的实战技巧

把握龙头追涨技巧 赢取股市超额利润

《短线龙头战法》
ISBN: 978-7-80747-661-0
作者：智君
定价：38.00元

"与庄共赢"的股市翻倍秘笈

揭示庄家运作秘密 赢取股市超额利润

《短线跟庄战法》
ISBN: 978-7-80747-662-7
作者：宏凡
定价：38.00元

股 市 黄 金 战 法 系 列

短线操盘快速赢利54招

透析短线投资时机 赢取股市超额利润

《短线闪电战法》
ISBN: 978-7-80747-660-3
作者：明郡
定价：38.00元

被誉为"钻石战法"的波段制胜法

探索股价涨跌规律 赢取股市超额利润

《短线波段战法》
ISBN: 978-7-80747-659-7
作者：尹宏
定价：38.00元

《炒股就是炒趋势》

——民间股神高竹楼趋势看盘绝技

本书是高竹楼先生对他 10 多年炒股经历的总结，将经典理论和实际操作相结合，毫无保留地将其在股市中多年的宝贵经验拿出来和大家分享。本实战教材由高老师及他的儿子，收集有关资料，加以整理，再加上他们自己对股市独特见解"融为一体"，把股市"趋势向上／买一招／趋势向下／卖一招"两招，由相对"简单"，到相对"复杂"，又到"最简单"，把"三线一量"（K 线、均线、趋势线＋成交量）分析得淋漓尽致，无可挑剔，可靠，实用，适用于新手、老手、高手，是一本难得的炒股实战好教材。

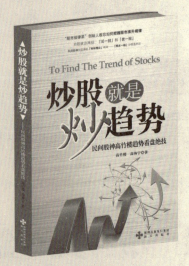

高竹楼 高海宁 著

定价：39.80 元

◆ 想在股市中赚钱的投资者：一定要走在"趋势"的后面！

◆ 中国股市理论有千条万条：按市场规律办是第一条；以万变应万变是第二条。

◆ 股市中只有相对论，没有绝对论；股市没有神仙，只能自己救自己。

◆ 任何个人、机构、主力、庄家及基金，均不能对抗或违背"市场规律"办事，否则均会受到"市场规律"的惩罚。

◆ 炒股不与天斗、不与地斗、不与人斗，与电脑斗、与软件斗、与趋势斗、与规律斗、与市场斗，因为有关股市的一切一切，什么政策、消息、业绩、市盈率等等，主力及庄家的一举一动，每买一手、卖一手，均明确反映在大盘走势图中。

◆ 决不能用"牛市思维"做熊市股票，亦不能用"熊市思维"做牛市股票。在股市中：政策一切为"融资"而服务，技术一切为"趋势"而服务！